1. 가을이 된 오즈의 나라에 왔어요
- **활동 1** 가을 날씨를 살펴봐요
- **활동 2** 동쪽 마녀의 빨간구두를 찾으러 가요

2. 동네를 탐험해요
- **활동 1** 우리 동네에는 무엇이 있을까요?
- **활동 2** 동네를 탐험하며 북쪽 마녀의 성으로 가요

3. 동네 사람들을 만나요
- **활동 1** 동네 사람들이 하는 일을 알아봐요
- **활동 2** 우리 동네 직업 기억력 게임을 해요

4. '도와주세요' 소리를 들었어요
- **활동 1** 무엇을 도와줄까요?
- **활동 2** 산불로부터 도로시를 구조해요

5. 도로시와 가을 열매를 따요
- **활동 1** 가을에 열리는 열매를 살펴봐요
- **활동 2** 졸음이 오는 열매를 피해요

6. 도로시와 서쪽 마녀를 무찔러요
- **활동 1** 가을에 열리는 축제장에서 무엇을 지켜야 할까요?
- **활동 2** 서쪽 마녀를 무찌르기 위한 단서를 찾아요

7. 소원을 이루기 위해 가을 소재를 모아요
- **활동 1** 오감을 이용해 가을을 느껴봐요
- **활동 2** 가을 소재를 모아 모두의 소원을 이뤄줘요

8. 안녕, 오즈의 가을! 다음에 또 만나요
- **활동 1** 오즈의 가을과 어울리는 시를 지어요
- **활동 2** 도로시의 소원을 이뤄요

뚜루뚜루 생김새와 센서

컬러 카드 삽입구
컬러 카드를 삽입하면 뚜루뚜루를 움직일 수 있어요.

3축 가속도 센서
뚜루뚜루의 움직임을 인식할 수 있어요.

컬러 / 빛 센서
컬러 센서 : 바닥에서 들어오는 색깔에 따라 뚜루뚜루를 움직일 수 있어요.
빛 센서 : 4개의 빛 센서를 이용하여 검은 선을 따라 움직일 수 있어요.

전원
뚜루뚜루의 전원을 켜고 끌 수 있어요.

연결표시등
BAT : 배터리 표시등으로 충전 중에 초록색으로 켜져 있다가 충전이 완료되면 꺼져요.
BT : 블루투스 표시등으로 블루투스가 연결되면 파란색 불이 켜져요.

LED
LED등이 7가지의 색을 표현해요.

근접 센서
손 따라가기를 하거나 뚜루뚜루의 방향 설정을 할 수 있어요.

버저
멜로디 카드로 내장된 멜로디를 연주하거나 숫자 카드를 사용하여 작곡 및 연주를 하면 소리가 나요.

USB 충전
5핀 케이블로 뚜루뚜루를 충전 할 수 있어요.

블루투스 4.0 BLE
뚜루뚜루와 PC를 연결할 수 있는 블루투스 USB 동글이에요.

뚜루뚜루 기본 사용 방법

1 전원 켜기

뚜루뚜루 뒤쪽에 있는 전원 스위치를 ON으로 옮겨 전원을 켜면 부팅 소리와 함께 뚜루뚜루 머리 LED에 불이 들어와요.

2 깨어있는 상태 (활성화 상태)

뚜루뚜루는 켜져 있는 상태로 놔두면 머리 LED에 청록색 불이 들어오고 서서히 다른 색상으로 변해요.
이 상태에서 명령이 입력되기를 기다려요.

3 자고 있는 상태 (비활성화 상태)

뚜루뚜루가 켜져 있는 상태에서 5분 동안 명령어를 입력하지 않거나 움직이지 않으면, 머리 LED는 흰색으로 변해요.
이 상태에서는 명령을 수행하지 않아요.

4 깨우기(비활성화 상태 → 활성화 상태)

자고 있는 뚜루뚜루를 깨우려면 살짝 흔들거나 기울여서 머리 LED 색이 변하도록 움직여요.

5 충전하기

뚜루뚜루의 배터리가 부족하면 머리 LED가 빨간색으로 반짝이며 움직임이 느려지거나 오작동을 해요.
마이크로 5핀 스마트폰용 케이블을 뚜루뚜루 뒤쪽 전원 단자에 끼우고 충전 할 수 있어요.

6 컬러 카드 명령 입력하기

컬러 카드를 뚜루뚜루 컬러 카드 삽입구의 정 가운데에 넣어 뚜루뚜루를 움직일 수 있어요. 그렇지 않을 경우 뚜루뚜루는 잘못된 명령을 수행할 수 있어요. 카드를 입력하면 머리 LED 의 색이 카드의 상단부 색상과 똑같이 변해요.

# 알고리즘 카드 종류와 사용법

알고리즘 카드
뚜루뚜루 카드 삽입구 안에 있는 2개의 컬러 센서를 이용하여 카드 윗부분의 2가지 색상을 입력받아 그 패턴에 따라 명령어를 실행해요.

교육 목적
카드에 저장된 명령어를 입력하며 코딩의 기본 원리인 순차, 반복, 조건을 습득

시작하기
명령어 입력 시 항상 맨 처음에 삽입해야 해요.

끝내기
명령어 입력 시 항상 맨 끝에 삽입해야 해요.

앞으로 가기
앞으로 약 4.5cm 이동해요.

뒤로 가기
뒤로 약 4.5cm 이동해요.

좌회전
제자리에서 왼쪽으로 90° 돌아요.

우회전
제자리에서 오른쪽으로 90° 돌아요.

알고리즘 카드 사용 설명

① 시작하기-끝내기 카드
뚜루뚜루에게 알고리즘 카드 입력 시 항상 시작과 끝에 시작하기와 끝내기 카드를 삽입해야 해요.
※ 시작하기-끝내기 카드 없이 알고리즘 카드만 입력하면 뚜루뚜루가 명령을 수행하지 못해요.

예시

< 알고리즘 카드 >

② 이동, 방향 카드
뚜루뚜루의 이동과 방향을 결정하는 카드에요.
이동 : 앞으로 가기, 뒤로 가기
방향 : 좌회전, 우회전
※ 방향 카드는 제자리에서 90°로 회전하는 카드에요.

예시

알고리즘 카드

뚜루뚜루 카드 삽입구 안에 있는 2개의 컬러 센서를 이용하여 카드 윗부분의 2가지 색상을 입력받아 그 패턴에 따라 명령어를 실행해요.

교육 목적

카드에 저장된 명령어를 입력하며 코딩의 기본 원리인 순차, 반복, 조건을 습득

뚜루뚜루 머리에 있는 LED등에서 7개의 색상으로 반짝여요.

뚜루뚜루의 뒷면 버저에서 저장된 멜로디가 나와요.

반복하고 싶은 알고리즘의 맨 처음에 삽입해요.

반복하고 싶은 알고리즘의 맨 끝에 삽입해요.

뚜루뚜루가 바닥의 격자무늬(+)를 따라갈 수 있도록 해요.

4가지 기울기 (앞,뒤,좌,우)에 따라 움직이고 싶은 순서대로 기울여 이동해요.

알고리즘 카드 사용설명

③ LED 빛 카드

뚜루뚜루가 명령어 수행 중에 머리 LED 빛을 정해진 패턴의 색상으로 변경해요.

예시

④ 멜로디 카드

뚜루뚜루가 명령어 수행 중에 버저를 활용해 저장된 멜로디를 연주해요.

예시

⑤ 반복 카드

반복 카드와 숫자 카드를 조합해서 입력한 명령을 반복할 수 있어요.

예시 [직진 2번 + 우회전 1번] 4회 구간 반복

⑥ 격자 카드

뚜루뚜루가 바닥의 격자무늬(+)를 따라갈 수 있도록 해요.
※ 십자 모양의 갈림길을 만나면 뚜루뚜루가 한 칸으로 이해해요.
※ 격자 카드 사용 시 뒤로 가기는 할 수 없어요.

예시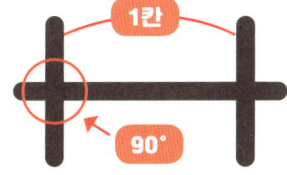

⑦ 틸트 카드

뚜루뚜루에게 기울여서 움직임의 방향을 정할 때엔 항상 시작과 끝에 틸트 모션 카드를 삽입해야 해요. 뚜루뚜루 움직임과 함께 격자, LED 빛, 멜로디 카드를 사용 할 수 있어요.

예시

< 뚜루뚜루 움직임 >

가을이 된 오즈의 나라에 왔어요

도로시는 회오리바람에 실려 예쁜 꽃과 따뜻한 햇볕이 가득한 아름다운 오즈의 나라에 도착했어요.
회오리바람과 온 도로시 덕분에 동쪽의 나쁜 마녀가 사라지게 됐어요.
동쪽 마녀의 빨간구두를 얻어야지만 집으로 돌아갈 수 있어요.
어떻게 하면 빨간구두를 얻어서 집에 갈 수 있을까요?

1 가을이 된 오즈의 나라에 왔어요

학습목표
1. 가을 날씨의 특징과 가을 날씨에 어울리는 생활 모습을 알아보고 설명할 수 있다.
2. 컬러 스티커를 이용해 뚜루뚜루를 원하는 목적지로 이동시킬 수 있다.
3. 뚜루뚜루를 활용하여 주어진 문제를 해결하려는 태도를 가진다.

 활동 1 가을 날씨를 살펴봐요

통합교과 소재인 가을 날씨의 특징과 가을 날씨에 어울리는 생활 모습을 그림으로 알아보고 어떤 모습인지 문장으로 표현해보는 활동입니다.

활동순서

❶ 가을이 오면 날씨가 어떤지 살펴본다.
❷ 가을 날씨를 설명하는 문장의 빈칸에 알맞은 단어를 적어본다.
❸ 가을 날씨에 어울리는 생활 모습을 살펴보고, 어떤 모습인지 적어본다.

 가을 날씨를 살펴보고 빈칸에 알맞은 단어를 적어보세요.

가을엔 울긋불긋 ( )이 들어요. 가을엔 아침과 한낮의 ( ) 차이가 커요. 가을엔 ( )이 맑아요.

가을엔 ( )이 많이 불어요. 가을엔 ( )가 날아다니고, 들판엔 ( )가 피어요. 가을엔 ( )과 열매가 익어가요.

 가을 날씨에 어울리는 생활 모습 그림을 보고 어떤 모습인지 적어보세요.

1 가을이 된 오즈의 나라에 왔어요

〈활용카드〉

활동 2 동쪽 마녀의 빨간구두를 찾으러 가요

<별지1> 가을 날씨 카드와 어울리는 <별지1> 가을 생활 카드를 찾아서 동쪽 마녀의 빨간구두를 얻는 활동입니다. 단, 가는 길의 중간에 있는 동쪽 마녀의 모자에 가게 되면 출발지로 돌아가야 합니다. <스티커> 컬러 스티커를 적절하게 사용하여 격자 카드를 활용해 동쪽 마녀의 모자를 피해서 빨간구두에 가야 합니다.

활동순서

❶ <별지1> 가을 날씨 카드, 가을 생활 카드를 각각 6장씩 준비한다.

❷ <별지1> 가을 날씨 카드는 잘 섞은 뒤 뒤집어서 활동지 옆에 모아 놓고, <별지1> 가을 생활 카드는 활동지의 '가을 생활 카드 놓는 곳'에 무작위로 놓는다.

❸ 뚜루뚜루를 활동지의 동그라미로 표시된 출발지에 놓고 <별지1> 가을 날씨 카드를 한 장 뽑아 카드의 내용을 살펴본다.

❹ <별지1> 가을 날씨 카드와 어울리는 <별지1> 가을 생활 카드를 활동지 위에서 찾아보고 뚜루뚜루를 어떻게 이동할지 경로를 생각한다.

❺ 출발에서부터 <스티커> 컬러 스티커를 활동지 위 격자와 격자 사이에 붙여 뚜루뚜루에 격자 카드만 입력해서 원하는 곳으로 이동할 수 있다.

❻ <별지1> 가을 생활 카드를 획득하면, 빨간구두에 갈 수 있도록 <스티커> 컬러 스티커를 붙여 뚜루뚜루를 움직인다.

❼ 동쪽 마녀의 모자에 가게 되면 출발지로 돌아가야 한다.

컬러 스티커와 격자 카드 활용 방법
뚜루뚜루는 바닥에 컬러 센서가 있어서, 색상에 따라 방향을 바꿔서 움직일 수 있다.

1) 컬러 스티커를 격자 사이사이에 붙인다.
2) 출발지에 뚜루뚜루를 놓고 격자 카드를 카드 삽입구에 넣는다.
3) 뚜루뚜루가 움직이면서 바닥의 색상에 따라 방향을 바꿔서 움직인다.

색상	명령어
초록	앞으로 가기
남색	되돌아 가기
노랑	왼쪽으로 가기
분홍	오른쪽으로 가기
빨강	멈추기

<준비물>

❶ 뚜루뚜루 로봇

❷ <별지1> p.39
가을 날씨 카드

❸ <별지1> p.39
가을 생활 카드

❹ <스티커> p.63
컬러 스티커

예시

📖 가을 날씨 카드로 단풍 카드를 뽑았을 경우, 이에 어울리는 생활 모습인 단풍이 물든 산을 등산하는 생활 카드를 찾아 빨간구두를 얻으러 가세요.

- 출발지에서 생활 카드까지 : 출발 -> 직진 -> 직진 -> 좌회전 -> 직진 -> 직진 -> 좌회전 -> 직진
- 생활 카드에서 빨간구두까지 : 우회전 -> 직진 -> 직진

<별지1> 가을 날씨 카드

<활동2> 활동 예시

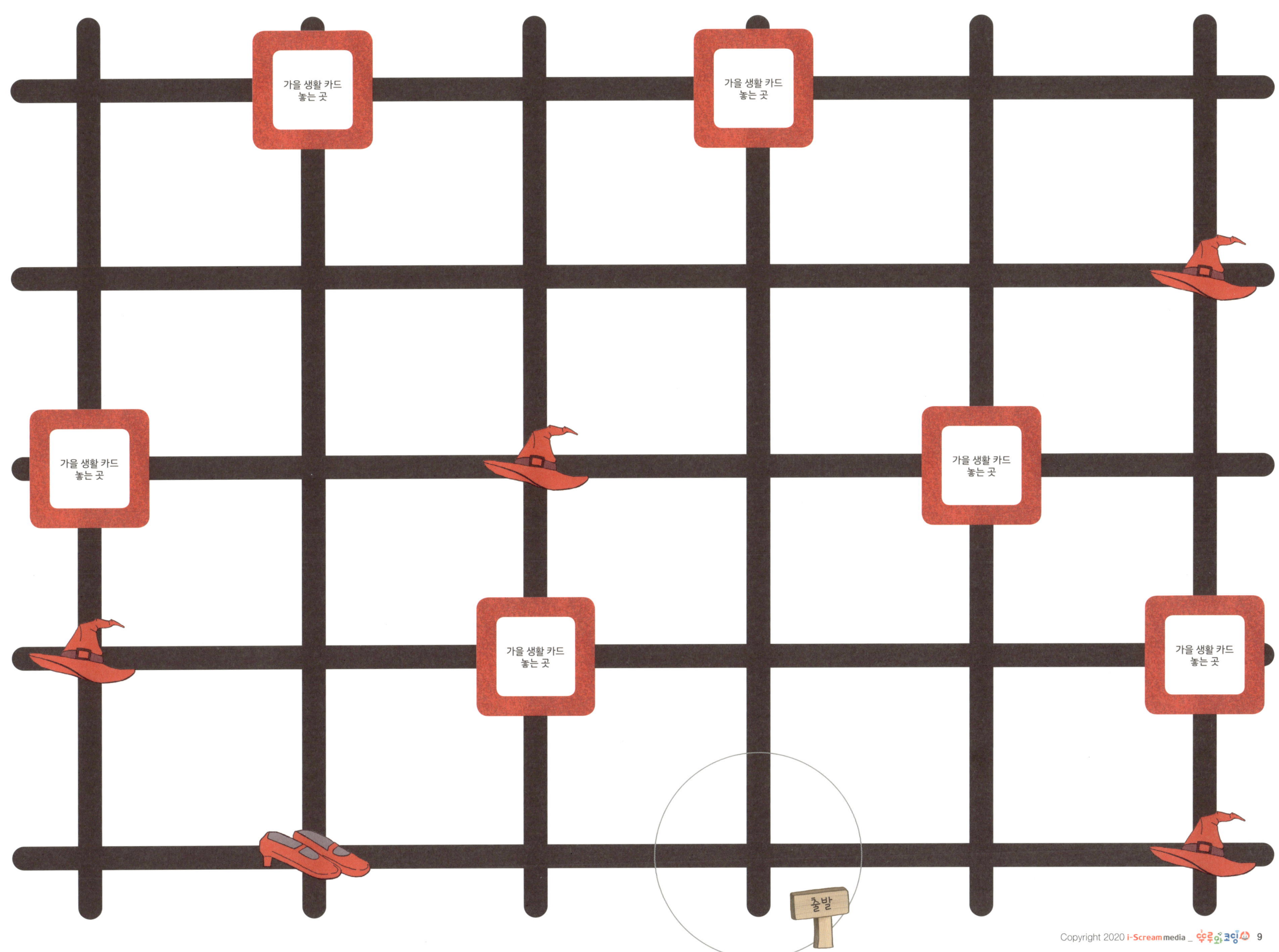

동네를 탐험해요

동쪽 마녀의 빨간구두를 얻게 된 뚜루뚜루와 도로시가 더러워진 빨간구두를 닦아내니
펑! 소리를 내며 착한 북쪽 마녀가 나타났어요.
북쪽 마녀는 동쪽 마녀의 마법에 걸려 구두 안에 갇혀 있었대요.
북쪽 마녀는 마법이 풀리게 도와준 도로시와 뚜루뚜루를 위해 소원을 들어주기로 해요.
소원을 이루기 위해 북쪽 마녀의 성에 가야 해요.

2. 동네를 탐험해요

학습목표

1. 동네의 모습을 관찰하고, 그림으로 그려 설명할 수 있다.
2. 알고리즘 카드와 반복 카드를 사용하여 뚜루뚜루를 움직이고 우리 동네 탐험 말판 놀이를 할 수 있다.
3. 우리 동네를 탐험할 때 주의해야 할 점을 알고 성실하게 탐험할 수 있다.

 활동 1 우리 동네에는 무엇이 있을까요?

우리 동네의 모습에 대해 알아봅시다. 동네의 특징적인 건물들을 살펴보고, 동네를 탐험하면서 주의해야 할 점을 알아보고 그림으로 나타내는 활동입니다.

활동순서

❶ 평소에 내가 봐왔던 우리 동네의 모습을 이야기한다.

❷ 우리 동네의 특징적인 건물을 살펴보고 <별지2> 건물 카드 2장에 각각 그림으로 그려본다.

❸ 우리 동네를 탐험하며 주의해야 할 점을 알아보고, <별지2> 주의 카드 3장에 각각 그림으로 그려본다.

<준비물>

❶ <별지2> p.41
건물 카드

❸ <별지2> p.41
주의 카드

😊 우리 동네의 모습을 살펴보고, 특징적인 건물을 <별지2> 건물 카드에 그림으로 나타내 보세요.

경찰서	우체국	도서관
		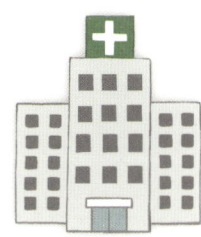
미용실	제과점	병원

😊 우리 동네를 탐험하며 주의해야 할 점을 알아보고, <별지2> 주의 카드에 그림으로 나타내 보세요.

신호등을 건널때엔 손을 들고 건너요.	공사장에는 들어가면 안돼요.	하수구나 환풍구 위로 지나다니지 않아요.

2 동네를 탐험해요

〈활용카드〉

활동 2 : 동네를 탐험하며 북쪽 마녀의 성으로 가요

이번 활동은 두 명이 하는 활동입니다. 뚜루뚜루와 도로시는 북쪽 마녀와 함께 동네를 탐험하며 주의할 점과 동네의 건물들이 무엇이 있는지 알아가며 북쪽 마녀의 성으로 떠나는 활동입니다. 뚜루뚜루는 <별지2> 숫자 주사위를 던져 나오는 숫자만큼 말판 위에서 이동합니다. 이때 알고리즘 카드를 이용하여 뚜루뚜루에 명령합니다. 건물 카드 칸에 도착하면, 활동지 옆에 모아놓은 건물 카드 중 한 개를 뽑아 해당 건물의 역할을 말합니다. 주의 카드 칸에 도착하면, 활동지 옆에 모아놓은 주의 카드 중 한 개를 뽑아 해당 카드의 이미지를 보고 주의할 점을 말합니다. 그 이외의 칸에서는 해당 칸의 지시사항을 수행합니다. 북쪽 마녀의 성에 먼저 도착하는 사람이 이기는 활동입니다.

활동순서

❶ <활동1>에서 만든 건물 카드 2장과 <별지2> 건물 카드 6장을 준비하여 활동지 옆에 하나씩 나열한다.

❷ <활동1>에서 만든 주의 카드 3장과 <별지2> 주의 카드 3장을 준비하여 활동지 옆에 뒤집어서 한곳에 쌓아 둔다.

❸ <별지2> 도로시 말, 숫자 주사위를 준비한다.

❹ player1은 뚜루뚜루를, player2는 <별지2> 도로시 말을 출발점에 놓고 <별지2> 숫자 주사위를 던져 나온 숫자만큼 player1은 알고리즘 카드와 반복 카드를 활용하여 뚜루뚜루에 명령하여 이동하고 player2는 직접 <별지2> 도로시 말을 움직인다.
- 뚜루뚜루가 말판에 따라 잘 이동하지 못할 때엔 뚜루뚜루 앱에서 모터 교정을 진행한다.

❺ 뚜루뚜루가 건물 카드 칸에 도착하면 각 칸에 그려진 해당 건물의 역할을 말하고, 활동지 옆에 놓여진 해당 건물 카드를 획득한다.
- <활동1> 건물 카드 칸인 경우 2장 중 1장을 고른다.

❻ 주의 카드 칸에 도착하면 활동지 옆에 준비된 주의 카드 더미에서 한 장을 뽑은 뒤, 뽑은 카드에 그려진 이미지를 보고 주의할 점을 말한다.

❼ 그 이외의 칸에는 해당 칸의 지시사항을 수행한다.

❽ 출발지에서부터 북쪽 마녀의 성까지 먼저 도착하는 사람이 이긴다.

〈준비물〉

❶ 뚜루뚜루 로봇

❷ <활동1>
건물 카드

❸ <활동1>
주의 카드

❹ <별지2> p.41
건물 카드

❺ <별지2> p.41
주의 카드

❻ <별지2> p.43
도로시 말

❼ <별지2> p.43
숫자 주사위

예시

출발지에서부터 아래 화살표의 흐름대로 뚜루뚜루와 <별지2> 도로시 말을 움직여보세요.

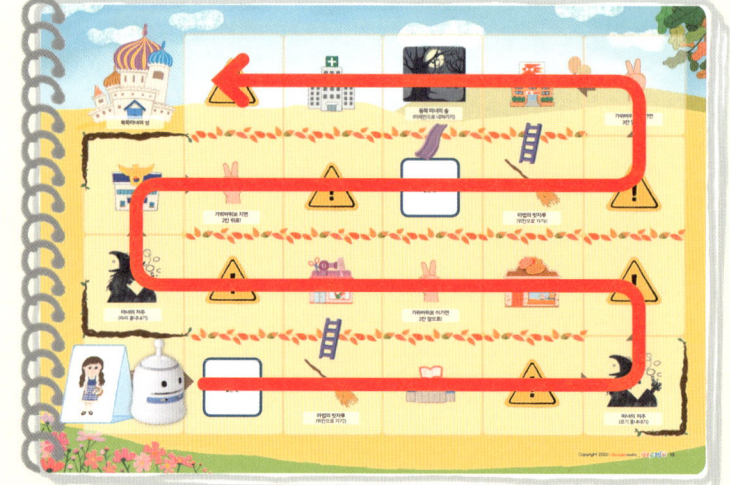

<활동2> 활동 예시

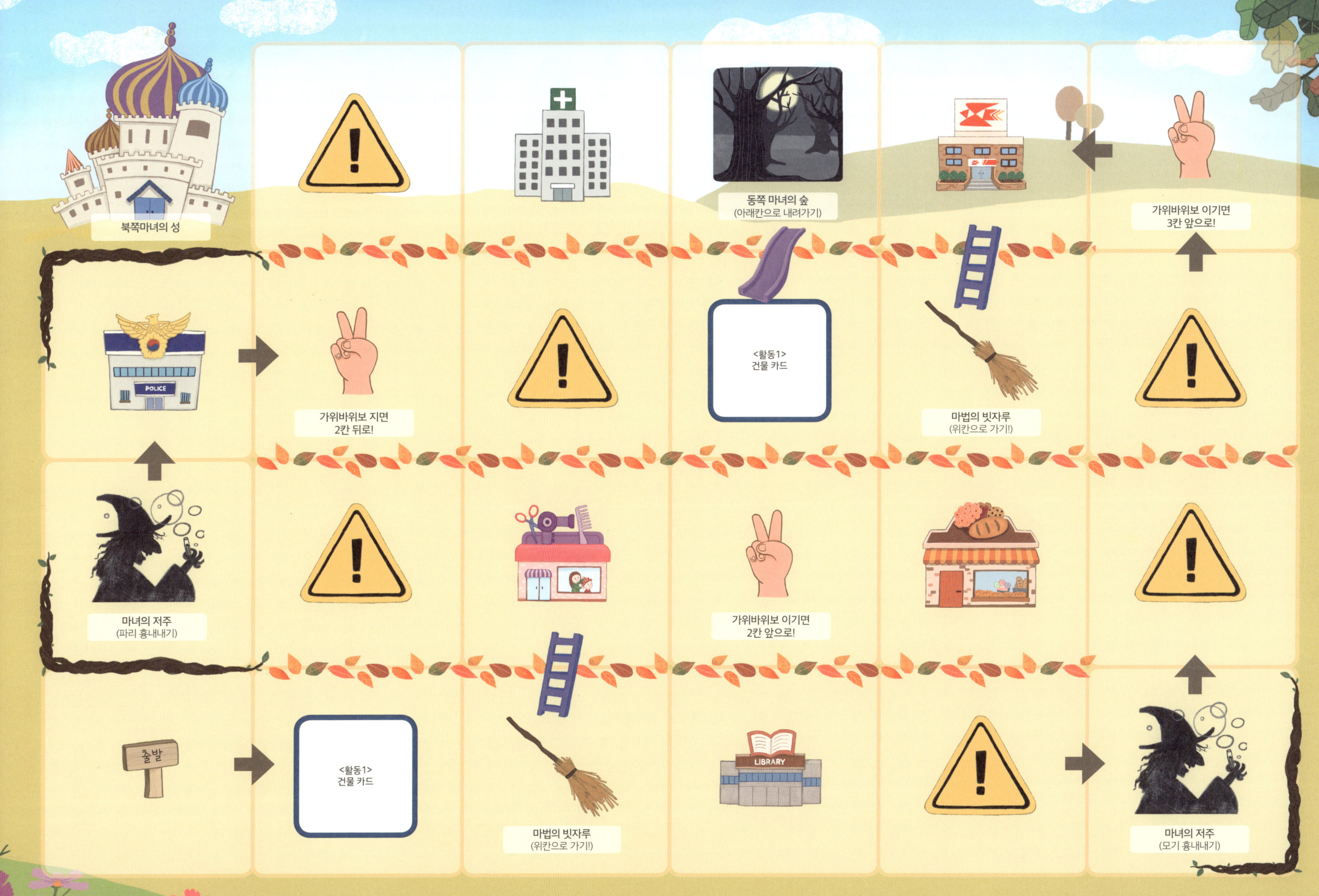

동네 사람들을 만나요

드디어 북쪽 마녀의 성에 도착한 도로시와 뚜루뚜루는 집에 가는 방법이 적혀있는
북쪽 마녀의 마법책을 찾았어요. 마법책에는 세 명의 친구를 찾아 에메랄드성에 있는
대마법사 오즈를 찾아가라고 적혀 있었어요.
세 명의 친구들의 소원이 무엇인지 알게 되면 그들을 찾을 수 있대요.
북쪽 마녀의 성 주변을 탐험하며 세 명의 친구들을 찾으러 가요!

3 동네 사람들을 만나요

학습목표
1. 우리 동네 사람들이 하는 일을 알아보고 글과 그림으로 표현할 수 있다.
2. 알고리즘 카드를 사용하여 뚜루뚜루를 원하는 장소로 이동할 수 있다.
3. 다른 사람의 직업을 소중히 여기는 태도를 지닌다.

 활동 1 동네 사람들이 하는 일을 알아봐요

우리 동네 사람들의 직업은 무엇인지 알아보는 활동입니다. 동네 사람들이 어떤 일을 하는지도 더불어 알아보고, 직접 그려보는 활동을 합니다.

활동순서

1. 우리 동네 사람들의 직업과 하는 일을 이야기해본다.
2. 오른쪽의 그림을 보고 여러 직업과 하는 일을 알아본다.
3. <별지3> 직업 카드 2장에 알고 있는 직업을 각각 그린다.
4. <별지3> 하는 일 카드 2장에 직업 카드에 그린 직업의 하는 일을 적는다.

<준비물>

❶ <별지3> p.45
직업 카드

❷ <별지3> p.45
하는 일 카드

 동네 사람들이 하는 일을 알아보고, 내가 알고 있는 직업 2개를 <별지3> 직업 카드에 그림으로 그려보고 <별지3> 하는 일 카드에 직업 카드에 그린 직업의 하는 일을 적어보세요.

 **의사** 나는 병을 진단하고 치료해요.	**소방관** 나는 불을 끄거나 사람들을 구조해요.
 **경찰관** 나는 우리 동네의 치안을 책임져요.	 **환경미화원** 나는 우리 동네 거리를 깨끗하게 만들어요.
 **농부** 나는 논과 밭에서 싱싱한 농산물을 재배해요.	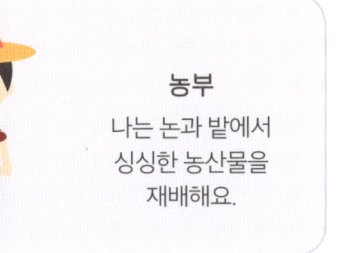 **제빵사** 나는 맛있는 빵을 만들어요.
 **요리사** 나는 맛있는 음식을 만들어요.	 **간호사** 나는 아픈 사람을 돌보아요.

3 동네 사람들을 만나요

〈활용카드〉

 활동 2 우리 동네 직업 기억력 게임을 해요

도로시와 세 친구의 소원과 우리 동네 사람들의 직업과 하는 일을 알아봅니다. 〈별지3〉 직업 카드와 〈별지3〉 하는 일 카드를 분리해서 모두 뒤집어 놓은 후 〈별지3〉 직업 카드와 어울리는 〈별지3〉 하는 일 카드를 다시 뒤집어 짝 맞게 먼저 찾는 활동입니다. 〈별지3〉 이동 주사위를 던져 나온 위치로 알고리즘 카드를 조합하여 뚜루뚜루를 움직입니다. 한 쌍을 찾을 경우, 도로시와 세 친구의 소원 카드를 얻을 수 있는 활동입니다.

활동순서

❶ 아래의 그림을 보고 도로시와 세 친구의 소원을 알아본다.

❷ 〈활동1〉에서 만든 직업 카드, 하는 일 카드 각 2장과 〈별지3〉 직업 카드, 하는 일 카드 각 8장씩 준비한다.

❸ 직업 카드는 직업 카드끼리, 하는 일 카드는 하는 일 카드끼리 활동지 옆에 내용이 보이지 않게 뒤집어 하나씩 나열하고 활동지의 출발지에 뚜루뚜루를 놓는다.

❹ 〈별지3〉 이동 주사위를 던져서 나온 위치로 활동지에서 본인이 선택하여 주어진 알고리즘 카드를 자유롭게 조합하여 뚜루뚜루를 움직인다.

❺ 숫자 칸일 경우 칸에 적힌 숫자만큼 활동지 옆에 나열된 직업 카드와 하는 일 카드를 뒤집어 볼 수 있다.

❻ 모자는 꽝, 마법책은 이동 주사위를 한번 더 던질 수 있다.

❼ 뒤집어진 카드들 중에서 같은 쌍의 카드를 먼저 찾으면 〈별지3〉 친구 소원 카드를 획득할 수 있다.

 도로시와 세 친구의 소원을 알아보세요.

 허수아비는 생각할 수 있는 뇌를 갖고 싶어요.

 양철 나무꾼은 사랑을 느낄 수 있는 마음을 갖고 싶어요.

 사자는 용기를 얻고 싶어요.

 도로시는 집으로 돌아가고 싶어요.

〈준비물〉

 ❶ 뚜루뚜루 로봇

 ❷ 〈활동1〉 직업 카드

❸ 〈활동1〉 하는 일 카드

 ❹ 〈별지3〉 p.45 직업 카드

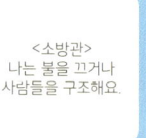 ❺ 〈별지3〉 p.45 하는 일 카드

 ❻ 〈별지3〉 p.47 친구 소원 카드

 ❼ 〈별지3〉 p.47 이동 주사위

예시

😊 〈별지3〉 직업 카드와 〈별지3〉 하는 일 카드의 짝을 맞춰보세요.

내용 일치 시 : 〈별지3〉 친구 소원 카드 획득 성공

내용 불일치 시 : 〈별지3〉 친구 소원 카드 획득 실패

〈별지3〉 이동 주사위 예시

〈활동2〉 활동 예시

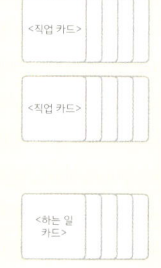

'도와주세요' 소리를 들었어요

Story 4

드디어 세 명의 친구들을 만난 도로시와 뚜루뚜루는 오즈의 마법사를 만나기 위해 에메랄드성으로 떠났어요.
하지만 여행은 매우 위험했어요. 절벽을 뛰어넘어야 하는가 하면 짐승의 공격을 받기도 했기 때문이죠.
지친 일행들이 잠시 쉬고 있는 동안 도로시는 주변을 산책하고 있었어요.
그런데 도로시의 비명소리가 들리는 거예요.

꺄악! 산불이 났어!

4. '도와주세요' 소리를 들었어요

학습목표
1. 도움이 필요한 사람의 소리를 듣고 어떤 도움이 필요한지 알 수 있다.
2. 알고리즘 카드, 격자 카드, 반복 카드를 활용하여 도로시와 친구들을 구해줄 수 있다.
3. 어려운 사람을 돕는 태도를 가진다.

 활동 1 무엇을 도와줄까요?

도움이 필요한 사람들의 소리를 듣고 어떤 도움을 줄 수 있는 생각하는 활동을 합니다. 내 주변 이웃과 다른 사람들이 어려움을 겪어 도움이 필요한 상황일 때 도울 수 있는 방법을 알아보는 활동입니다.

활동순서

① 도움이 필요한 사람들의 소리를 듣고, 어떤 도움이 필요할지 생각해본다.
② 그림을 보고 어떤 도움을 줄 수 있는지 빈칸에 적어본다.
③ 내가 주변 사람들을 도울 수 있는 방법을 이야기해본다.

 도움이 필요한 사람들의 소리를 듣고, 어떤 도움이 필요할지 생각해보고 아래의 빈칸에 도움 줄 수 있는 방법을 적어보세요.

휠체어를 밀어줍니다.

시각장애인에게 방향을 정확히 알려줍니다.

버튼을 눌러주거나 받침대를 놓아줍니다.

손을 잡아서 같이 올라갑니다.

(   )

(   )

4. '도와주세요' 소리를 들었어요

〈활용카드〉

활동 2 산불로부터 도로시를 구조해요

도로시의 비명을 듣고 뚜루뚜루와 세 친구들은 산불로부터 도로시를 구조하는 활동을 합니다. 본 활동을 하기 전에, 연습 활동으로 화재가 난 곳을 피해 비상구로 탈출하는 활동을 합니다. 알고리즘 카드, 반복 카드, 격자 카드를 자유롭게 조합하여 뚜루뚜루가 세 친구들과 함께 산불이 난 곳과 불이 있는 곳을 최대한 빨리 피해 도로시를 구조해야 합니다.

활동순서

❶ 〈연습 활동〉에서 뚜루뚜루가 출발지부터 화재가 난 곳의 불을 피해 비상구로 탈출할 수 있는 경로를 생각해본다.

❷ 알고리즘 카드, 반복 카드, 격자 카드를 자유롭게 활용하여 뚜루뚜루가 탈출하도록 명령한다.
 - 격자 카드는 시작하기-끝내기 카드 사이에 아무 곳에 입력한다.

❸ 〈연습 활동〉이 끝나면 워크북 p.21 활동지에서 산불이 난 오즈의 나라에서 세 친구들과 함께 도로시를 구하러 간다.

❹ 〈별지4〉 도로시, 양철 나무꾼, 허수아비, 사자 말들과 〈별지4〉 뚜루뚜루 팔을 준비한 뒤, 말들을 활동지 위 점선의 네모 칸으로 표시된 말 놓는 자리에 무작위로 놓는다.

❺ 출발지에 뚜루뚜루를 놓고 알고리즘 카드, 격자 카드를 활용하여 사자, 허수아비, 양철나무꾼을 먼저 만난 뒤 마지막으로 도로시를 구하는 것이 목표다.
 - 〈별지4〉 말 1개를 획득 시 활동지 옆에 세워둔다.

❻ 〈별지4〉 세 친구 말들을 만나면 LED 빛을 켜고, 도로시를 만나면 LED 빛을 켠 뒤 멜로디를 내서 구조를 알리면 도로시를 구할 수 있다.

〈준비물〉

 ❶ 뚜루뚜루 로봇

 ❷ 〈별지4〉 p.49 뚜루뚜루 팔

 ❷ 〈별지4〉 p.49 말(도로시, 양철 나무꾼, 허수아비, 사자)

 〈연습 활동〉 화재가 난 곳을 피해 비상구로 탈출하도록 명령해보세요.

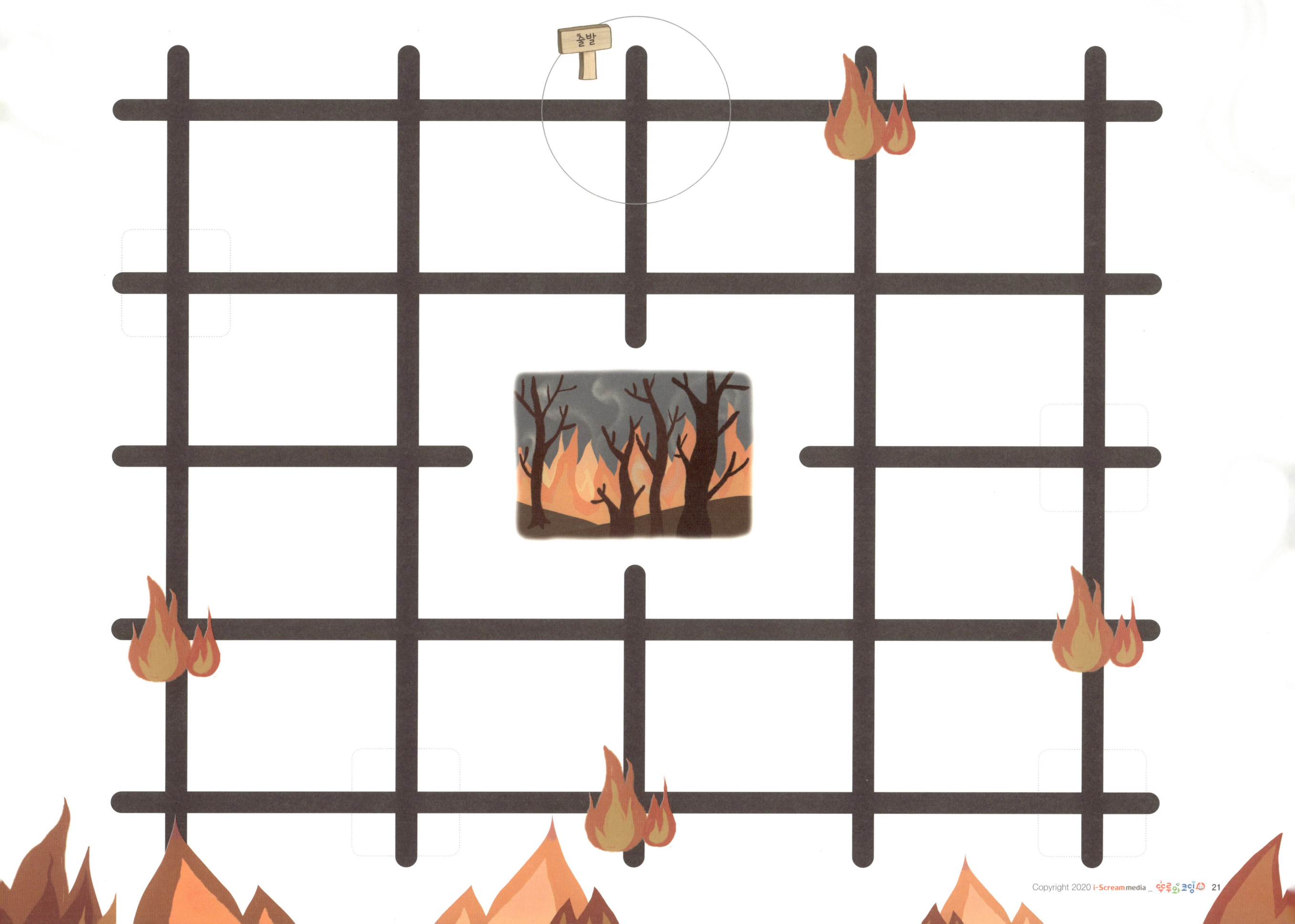

도로시와 가을 열매를 따요

산불을 피한 뚜루뚜루와 도로시 일행은 에메랄드 성으로 향했어요.
저 멀리 붉게 물든 단풍나무와 가을에 열리는 열매들이 주렁주렁 매달려 있었어요.
오래된 여정으로 배가 고팠던 도로시 일행은 나무에 열려있는 열매를 먹었어요.
그러자 열매를 먹은 도로시가 갑자기 잠이 들었어요.

5 도로시와 가을 열매를 따요

학습목표

1. 가을에 먹을 수 있는 열매의 특징을 알 수 있다.
2. 알고리즘 카드와 격자 카드를 이용해 뚜루뚜루가 졸음 카드에 도착하지 않게 피할 수 있다.
3. 컬러 카드를 활용하여 문제를 빠르게 해결하려는 태도를 가진다.

 활동 1 가을에 열리는 열매를 살펴봐요

가을에 열리는 열매의 특징에 대해 알아보고, 추가로 어떤 가을 열매들이 있는지 <별지5> 가을 열매 카드에 그려봅니다. 더불어 오즈의 나라에서만 열리는 가을 열매는 어떤 것이 있을지 상상해서 <별지5> 오즈의 나라 열매 카드에 그려보고 그 특징들을 적어보는 활동입니다.

활동순서

❶ 가을에 열리는 열매는 무엇이 있는지 살펴보고 <별지5> 가을 열매 카드에 내가 알고 있는 가을 열매 2가지를 각각 그려본다.

❷ 오즈의 나라에서만 열리는 가을 열매는 어떤 것이 있을지 상상해 본 후 <별지5> 오즈의 나라 열매 카드에 4가지를 각각 그려보고, 그 중 2가지는 졸음 열매로 표시해본다.

❸ 오즈의 나라 열매 카드를 다 그린 후에, 열매의 이름과 특징을 오른쪽 표에 간단히 적어본다.

<준비물>

❶ <별지5> p.51
가을 열매 카드

❷ <별지5> p.51
오즈의 나라 열매 카드

😊 가을에 열리는 열매들을 살펴보고, <별지5> 가을 열매 카드에 내가 알고 있는 가을 열매 2가지를 각각 그려보세요.

 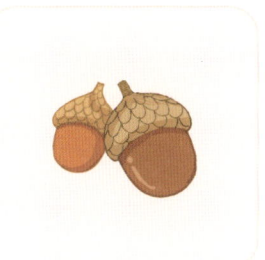 

😊 오즈의 나라에서만 볼 수 있을 것 같은 가을 열매를 상상해서 <별지5> 오즈의 나라 열매 카드에 4가지를 각각 그려보세요. 그중 2가지엔 졸음 열매로 표시해보세요. 열매들의 이름과 어떤 특징을 갖고 있는지 아래에 적어보세요.

번호	열매 이름	특징
1		
2		
3		
4		

5 도로시와 가을 열매를 따요

〈활용카드〉

활동 2 졸음이 오는 열매를 피해요

이번 활동은 두 명이 하는 활동입니다. 먹음직스러운 가을 열매를 획득하고 졸음 열매를 피해보는 활동입니다. 제한 시간 내에 〈별지5〉 숫자 주사위를 던져 나오는 숫자만큼 알고리즘 카드를 뽑은 뒤에 조합해서 뚜루뚜루가 격자를 따라 원하는 열매 카드로 움직이도록 명령합니다. 〈활동1〉에서 만든 오즈의 나라 열매 카드 중 졸음이 오는 열매 카드를 획득하면 10초 동안 뚜루뚜루를 움직일 수 없습니다. 가을 열매 카드를 더 많이 획득하면 이기는 활동입니다.

활동순서

❶ 〈활동1〉에서 만든 가을 열매 카드 2장, 오즈의 나라 열매 카드 4장과 〈별지 5〉 가을 열매 카드 6장, 숫자 주사위를 준비한다.

❷ 가위바위보로 순서를 정해서 이긴 사람(player1) 먼저 열매 카드 12장을 잘 섞어서 활동지의 '열매 카드 놓는 곳' 위에 뒤집어서 무작위로 놓는다.
- 이때, 진 사람(player2)이 보지 못하도록 한다.

❸ 열매 카드를 배치하고 5분의 시간 동안 진 사람(player2)이 〈별지5〉 숫자 주사위를 던져 나오는 숫자만큼 알고리즘 카드에서 원하는 이동, 방향(회전), LED 빛 카드를 뽑아 뚜루뚜루에게 명령한다.
- 단, 시작하기-끝내기 카드와 격자 카드는 카드 횟수에 포함되지 않는다.

❹ 뚜루뚜루가 열매 카드 놓는 곳에 도착했을 때, 졸음 카드를 획득하면 제자리에서 10초 동안 뚜루뚜루를 움직일 수 없다.

❺ 제한된 5분의 시간이 지나면 서로 역할을 바꿔서 해보고, 제한 시간이 끝나면 가을 열매 카드를 더 많이 획득한 사람이 이긴다.

이번 활동에서 사용할 알고리즘 카드

→ 위 3개의 카드는 카드 뽑는 횟수에 포함되지 않는다.

〈준비물〉

❶ 뚜루뚜루 로봇 ❷ 〈활동1〉 가을 열매 카드 ❸ 〈활동1〉 오즈의 나라 열매 카드

❹ 〈별지5〉 p.51 가을 열매 카드 ❺ 〈별지5〉 p.51 숫자 주사위

예시

〈별지5〉 숫자 주사위를 던져서 나온 숫자만큼, 알고리즘 카드 뽑는 방법

예) 주사위를 던져서 숫자 3이 나올 경우, 최대 3장까지 뽑을 수 있어요.
- 시작하기-끝내기, 격자 카드는 카드를 뽑는 횟수에 포함되지 않아요.
- 같은 카드를 여러 장 선택해도 돼요.

(1) 어느 열매 카드로 갈지 정한 다음, 경로를 파악해요.
(2) 출발지에서부터 표시된 곳까지 가기 위해 직진, 우회전 카드 2장을 뽑아요.
(3) 뽑은 카드를 시작하기-끝내기, 격자 카드와 함께 조합해서 뚜루뚜루에 명령해요.

〈활동2〉 활동 예시

도로시와 서쪽 마녀를 무찔러요

드디어 뚜루뚜루와 도로시 일행은 에메랄드 성에 도착했어요.
성문을 두드리자 오즈의 목소리가 들렸어요.
"오즈의 나라 곳곳을 공격하는 서쪽 마녀를 무찌르고 오면 소원을 들어 주겠다!"
오즈의 말을 듣고 뚜루뚜루와 도로시 일행은 서쪽 마녀의 성으로 떠나기로 했어요.

6. 도로시와 서쪽 마녀를 무찔러요

학습목표
1. 가을에 열리는 축제 등 공공장소에서 지켜야 할 일을 알 수 있다.
2. 알고리즘 카드, 격자 카드, 반복 카드를 사용해 뚜루뚜루를 움직여 서쪽 마녀를 무찌를 단서를 찾을 수 있다.
3. 컬러 카드를 활용하여 문제를 적극적으로 해결하려는 태도를 가진다.

 활동 1 가을에 열리는 축제장에서 무엇을 지켜야 할까요?

가을에는 다양한 축제가 열려 많은 사람들이 모입니다. 많은 사람들이 모이는 공공장소에서는 지켜야 할 규칙이 필요합니다. 우리나라에서 열리는 축제는 어떤 것이 있는지 생각해보고, 축제장에서 지켜야 할 규칙에는 무엇이 있을지 적어보는 활동입니다.

활동순서

❶ 가을에는 어떤 축제들이 열리는지 알아보고, 오른쪽의 이미지를 본 후 이미지 장소와 관련된 가을 축제의 이름을 적어본다.

❷ 축제장처럼 사람들이 많이 모이는 공공장소에서는 어떤 것을 지켜야 할지 알아보고 적어본다.

 가을에는 어떤 축제가 열리는지, 아래의 장소와 관련한 축제의 이름을 적어보세요.

바다

하늘

_____ _____

들판

동굴

_____ _____

 위의 축제장처럼 사람들이 많이 모이는 공공장소에서 나는 무엇을 지켜야 할지 적어보세요.

6. 도로시와 서쪽 마녀를 무찌를러요

〈활용카드〉

활동 2 서쪽 마녀를 무찌르기 위한 단서를 찾아요

이번 활동은 두 명이 하는 활동입니다. 뚜루뚜루와 도로시 일행은 서쪽 마녀를 무찌르기 위한 단서를 찾아 떠납니다. 〈별지6〉 장소 카드, 인물 카드, 도구 카드를 각각 잘 섞어 각 카드별 1장씩 빼서 보지 않고 단서 봉투에 넣습니다. 서쪽 마녀를 무찌르기 위해 어떤 장소로 이동해야 할지 생각해본 후 〈별지6〉 숫자 주사위를 던져 나온 숫자만큼 알고리즘 카드를 뽑아 뚜루뚜루에 원하는 장소까지 가도록 명령하여 움직입니다. 장소에 도착하면 3개의 단서를 추리합니다. 이렇게 단서를 찾아가면서 단서 봉투에 넣은 3개의 단서를 먼저 찾은 사람이 이기는 활동입니다.

활동순서

❶ 〈별지6〉 장소 카드 7장, 인물 카드 6장, 도구 카드 6장, 숫자 주사위와 3개의 카드를 뽑아서 넣을 단서 봉투를 준비한다.
  - 단서 봉투는 안의 내용물이 보이지 않으면 된다.

❷ 각 카드마다 1장씩 뽑아 총 3장의 카드를 보지 않고 단서 봉투에 넣는다.

❸ 나머지 카드 16장은 player1과 player2가 7장씩(장소 카드 3장, 인물 카드 2장, 도구 카드 2장씩) 랜덤으로 나눠서 가지고, 남은 카드 2장은 활동지 옆에 보이게 놓는다.

❹ 〈별지6〉 숫자 주사위를 던져 나오는 숫자만큼 알고리즘 카드를 뽑아 내가 원하는 장소까지 뚜루뚜루가 가도록 명령한다.
  - 시작하기-끝 카드, 격자 카드는 횟수에 포함되지 않는다.

❺ 장소에 도착하면 추리를 시작한다. 예를 들면 player1이 들판에 도착하면 '들판에서, 양철 나무꾼이, 강물로' 서쪽 마녀를 무찌를 수 있다고 이야기한다. player2는 본인의 카드를 확인하고 player1이 말한 단서 카드를 가지고 있으면 단서가 아니라고 말하고, player1이 말한 단서 카드를 버리면서 상대방이 보이게 한다.

❻ 이렇게 단서를 추리하다가 진짜 단서를 알게 되면, 뚜루뚜루를 서쪽 마녀의 집에 가도록 명령한다. 서쪽 마녀의 집에 도착하면 3개의 단서를 외치고 단서 봉투 안의 카드를 확인하여 단서를 맞힐 경우 이긴다.

〈준비물〉

❶ 뚜루뚜루 로봇

❷ 단서 봉투

❸ 〈별지6〉 p.53 장소 카드

❻ 〈별지6〉 p.53 숫자 주사위

❺ 〈별지6〉 p.55 도구 카드

❹ 〈별지6〉 p.55 인물 카드

예시

☺ 단서 카드 찾는 방법
  (1) 어느 장소로 갈지 정한 다음, 경로를 파악해요.
  (2) 출발지에서부터 표시된 곳까지 가기 위해 주사위 숫자만큼 카드를 뽑아서 시작하기-끝내기, 격자 카드와 함께 조합해서 뚜루뚜루에 명령해요.
  (3) 장소에 도착하면, 추리를 하며 3개의 단서를 찾아요.

☺ 단서 목록

장소	바다, 들판, 사막, 우주, 하늘, 설산, 동굴
인물	도로시, 사자, 양철 나무꾼, 북쪽 마녀, 허수아비, 오즈
도구	키스마크, 빨간구두, 오즈의 마법, 양귀비 꽃, 강물, 호루라기

소원을 이루기 위해 가을 소재를 모아요

뚜루뚜루와 도로시 일행은 서쪽 마녀를 무찌르고 오즈가 있는 에메랄드 성으로 찾아갔어요.
그런데 마법사 오즈는 보이지 않고 작은 키의 못생긴 아저씨만 있었어요.
아저씨는 자신이 마법사가 아니어서 소원을 들어줄 수 없다며, 도로시 일행에게
거짓말을 해서 미안하다는 말만 했어요.

7 소원을 이루기 위해 가을 소재를 모아요

학습목표
1. 오감을 이용하여 가을을 느낄 수 있다.
2. 뚜루뚜루를 격자 위에서 움직여 가을 소재를 모을 수 있다.
3. 컬러 카드를 활용하여 문제를 적극적으로 해결하려는 태도를 가진다.

 활동 1 오감을 이용해 가을을 느껴봐요

뚜루뚜루와 도로시 일행이 소원을 이루기 위한 가을 소재를 찾기 위해 오감을 이용하여 가을을 느껴보는 활동을 합니다. 가을과 관련된 소리를 들어보고 어떤 소리인지 맞춰보고(청각), 비밀상자 안의 물건이 무엇인지 맞혀보고(촉각, 시각), 가을 열매 냄새(후각)와 맛(미각)을 보는 과정을 통해 가을을 느껴보도록 하는 활동입니다.

활동순서

❶ 가을과 관련된 소리를 잘 듣고 어떤 소리가 나는지 적어본다.

❷ 가을 열매를 만져보고, 만져본 느낌이 어땠는지 이야기해보고 적어본다.

❸ 가을 열매의 냄새를 맡아보고 맛을 본다.

❹ '가을은 (　　　) 이다.' 라는 표현을 생각해본 뒤 적어본다.

😊 오감에는 어떤 감각들이 있는지 알아보세요.

  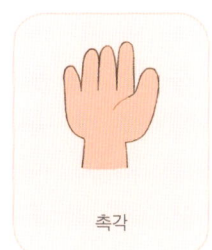 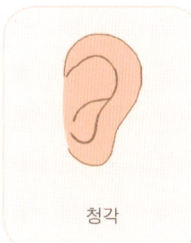 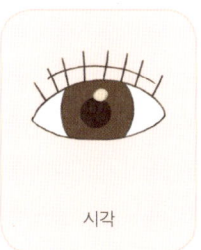

미각　　후각　　촉각　　청각　　시각

😊 오감을 이용하여 가을을 느끼고, 어떤 가을 소재인지 적어보세요.

 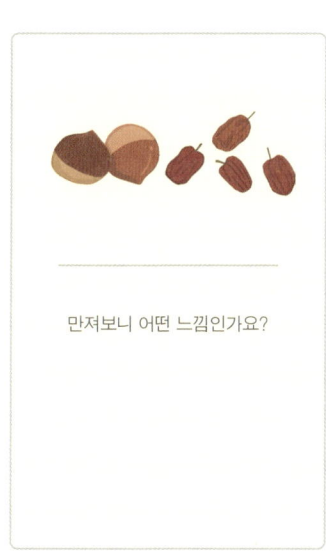 

어떤 소리가 나나요?　　만져보니 어떤 느낌인가요?　　어떤 맛이 느껴지나요?

😊 가을은 나에게 어떤 느낌이었는지 적어보세요.

가을은 (　　　　　　　　　　) 이다.

7 소원을 이루기 위해 가을 소재를 모아요

〈활용카드〉

활동 2 가을 소재를 모아 모두의 소원을 이뤄줘요

뚜루뚜루와 도로시 일행은 오즈가 소원을 들어주기에 필요한 가을 소재를 구하러 길을 떠납니다. 양철 나무꾼에게는 따뜻한 심장을 주기 위해 빨간 비단과 톱밥을, 사자에게는 용기를 주기 위해 초록색 사과주스를, 허수아비에게는 똑똑한 뇌를 주기 위해 왕겨를 찾아 길을 탐색합니다. 시작하기 전에 〈별지7〉 오즈의 카드를 뽑아 카드에 주어진 조건에 따라 뚜루뚜루를 움직입니다. 뚜루뚜루에 격자 카드와 〈스티커〉 컬러 스티커를 적절하게 사용하여 가을 소재를 모으러 가는 활동입니다.

활동순서

❶ 〈별지7〉 가을 소재 말(빨간 비단, 사과주스, 왕겨, 톱밥), 뚜루뚜루 팔, 오즈의 카드와 〈스티커〉 컬러 스티커를 준비한다.

❷ 〈별지7〉 가을 소재 말들은 활동지의 '가을 소재 말 놓는 곳'에 무작위로 놓는다.

❸ 시작하기 전에 〈별지7〉 오즈의 카드를 뽑아 카드에 주어진 조건의 내용을 보고 어떤 인물의 소원을 들어줘야 하는지 확인한다.

❹ 〈별지7〉 오즈의 카드의 주어진 조건에 따라 뚜루뚜루가 출발지부터 길을 찾아가도록 〈스티커〉 컬러 스티커를 조합하여 격자와 격자 사이 길 위에 붙인다.

❺ 〈스티커〉 컬러 스티커를 다 붙이고서 뚜루뚜루에 격자 카드만 명령하여 뚜루뚜루를 움직인다.

❻ 뚜루뚜루가 이동 중에 조건에 맞지 않게 명령했을 경우, 출발지로 다시 돌아가 〈스티커〉 컬러 스티커를 다시 붙인다.

❼ 〈별지7〉 가을 소재 말 4개를 모두 모으면 활동이 끝난다.
 - 가을 소재 말 1개를 획득 시 활동지 옆에 세워둔다.

〈준비물〉

❶ 뚜루뚜루 로봇

❷ 〈별지7〉 p.57 가을 소재 말
(빨간 비단, 사과주스, 왕겨, 톱밥)

❹ 〈별지7〉 p.57 뚜루뚜루 팔   ❸ 〈별지7〉 p.59 오즈의 카드   ❺ 〈스티커〉 p.63 컬러 스티커

초록색 사과주스만 들고 사자에게 가세요.

예시

예 '초록색 사과주스만 들고 사자에게 가세요' 조건이 나왔을 경우

(1) 〈별지7〉 사과주스 말을 가지고 사자한테 가도록 경로를 생각해요.
(2) 생각한 경로대로 〈스티커〉 컬러 스티커를 붙여요.
(3) 격자 카드만 입력하여 뚜루뚜루를 움직여요.

조건

초록색 사과주스만 들고 사자에게 가세요.

〈별지7〉 오즈의 카드 예시

〈활동2〉 활동 예시

안녕, 오즈의 가을! 다음에 또 만나요

도로시 일행은 가을 소재를 모두 모았지만, 오즈가 열기구를 타고 떠나는 바람에 도로시의 소원은 이루지 못했어요.
실망한 도로시를 본 날개 달린 원숭이는 뚜루뚜루와 도로시를 남쪽 마녀에게 데려다줘요.
남쪽 마녀는 도로시가 오즈의 나라를 떠나 집으로 갈 수 있도록 도와줘요.
도로시는 집으로 갈 수 있게 도와준 남쪽 마녀를 위해 뚜루뚜루와 함께 노래를 부르며 아쉽지만 친구들과
작별 인사를 하며 집에 가요.

8. 안녕, 오즈의 가을! 다음에 또 만나요

〈활용카드〉   ~

 **학습목표**
1. 남쪽 마녀와 세 친구들에게 '오즈의 가을' 시를 들려줄 수 있다.
2. 뚜루뚜루와 오즈의 가을 노래를 불러 가을을 떠나보낼 수 있다.
3. 컬러 카드를 이용하여 음악 활동을 하는데 적극 참여할 수 있다.

 활동 1 오즈의 가을과 어울리는 시를 지어요

남쪽 마녀의 도움으로 소원을 이루게 된 도로시는 세 친구들과 헤어짐을 아쉬워하며 오즈의 가을을 기억하며 시를 지어보고 노래를 만들어 불러보는 활동입니다.

활동순서

❶ 오즈의 가을과 어울리는 시를 20글자로 지어본다.

❷ 시로 지은 글자를 오른쪽 노래 표에 적고, 글자 아래에 오즈의 가을 활동을 생각하며 어떤 멜로디가 어울리는지 상상하며 〈스티커〉 멜로디 카드를 붙인다.

❸ 〈스티커〉 멜로디 카드 붙인 순서대로 뚜루뚜루가 노래를 부를 수 있도록 뚜루뚜루에 멜로디 카드로 명령한다.

🙂 멜로디 카드 사용 방법
(1) 멜로디 카드는 명령어 수행 중 로봇의 뒤 버저로 각 음에 맞게 소리를 낸다.
(2) 멜로디 카드를 처음과 끝에 입력하고 그 사이에 내고 싶은 소리의 음을 숫자 카드에서 찾아서 뚜루뚜루에 입력해 소리를 낸다.

예 '도레미파' 소리 내기

🙂 오즈의 가을과 어울리는 시를 지어보세요.
- 단, 한 행당 10자를 넘지 않기

행	예시	내가 만든 시
1행	푸른 가을 하늘이 좋아서	
2행	나는 가을이 좋아요	

※ 오즈의 가을과 어울리는 시를 지어보면서, 절차적 사고와 추상화, 알고리즘 역량을 키울 수 있어요!

🙂 위에서 만든 시를 각 행의 칸에 한 글자씩 적어보고, 시를 노래로 만든다면 어떤 멜로디를 넣고 싶은지 생각해보고 멜로디 스티커 칸에 〈스티커〉 p.65 멜로디 카드 스티커를 붙여보세요.

1행										
멜로디 스티커										
2행										
멜로디 스티커										

8 안녕, 오즈의 가을! 다음에 또 만나요

<활용카드>   1 ~ 8

활동 2 도로시의 소원을 이뤄요

남쪽 마녀의 도움으로 도로시와 뚜루뚜루는 오즈의 나라를 떠나 집으로 가게 됩니다. 소원을 이루게 된 도로시는 오즈의 가을, 세 친구들과의 헤어짐을 아쉬워하며 격자를 따라 작별 인사를 하는 활동을 합니다. 작별 인사를 마치고서 <활동1>에서 지은 시에 직접 멜로디를 붙여 만든 노래를 도로시와 뚜루뚜루가 함께 부르고 춤을 추며 집으로 돌아가는 활동입니다.

활동순서

❶ <별지8> 도로시 말, 뚜루뚜루 팔을 준비한다.

❷ 뚜루뚜루가 <별지8> 도로시 말과 함께 격자 길을 따라 친구들을 만날 수 있도록 알고리즘 카드를 이용해 길을 따라가도록 한다.

❸ 뚜루뚜루가 세 친구들인 사자, 허수아비, 양철 나무꾼을 만나는 위치에 도착하면 제자리에서 한 바퀴 돌아 친구들과 인사하도록 한다.

❹ 세 친구들과 작별 인사가 끝나고 '요술봉' 앞에 도착하면 활동지에 적힌 주문을 외운 뒤 LED 빛과 멜로디를 한 번씩 켜고 출발한다.

❺ '빨간구두' 앞에 도착하면 빨간구두 뒤꿈치를 세 번 치는 것처럼 LED 빛을 세 번 켠 뒤 활동지에 적힌 주문을 외운다.

❻ '도로시 집'에 도착하면 <활동 1>에서 지은 시를 멜로디에 맞춰 뚜루뚜루가 연주하도록 명령한다.

<준비물>

  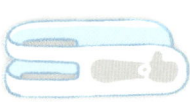

❶ 뚜루뚜루 로봇   ❷ <별지8> p.61 도로시 말   ❹ <별지8> p.61 뚜루뚜루 팔

예시

😊 세 친구들과 작별 인사하는 방법

(1) 사자, 허수아비, 양철 나무꾼을 만나면 뚜루뚜루가 제자리에서 한 바퀴(360°) 회전해요.
(2) 요술봉에 도착하면 주문을 외워요.
(3) 빨간구두에 도착하면 뚜루뚜루가 LED 빛을 3번 켜요.
(4) 도로시 집에 도착하면 <활동1>에서 지은 노래를 뚜루뚜루로 연주해요.

<활동2> 활동 예시

별지 사용법

주사위 만드는 방법

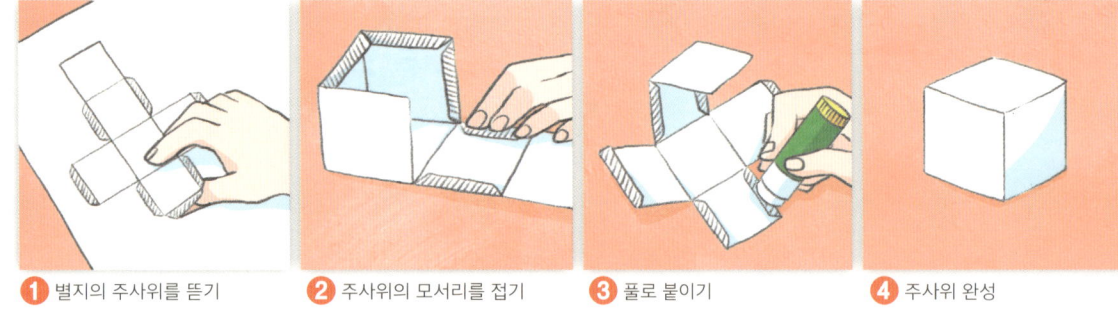

① 별지의 주사위를 뜯기　② 주사위의 모서리를 접기　③ 풀로 붙이기　④ 주사위 완성

말 만드는 방법

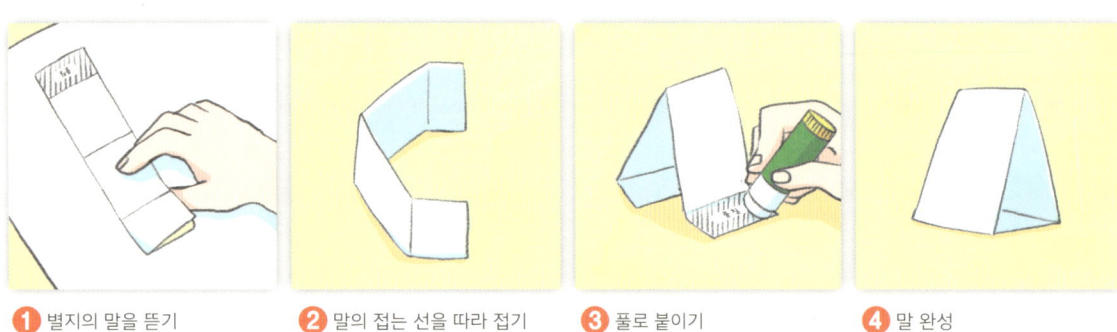

① 별지의 말을 뜯기　② 말의 접는 선을 따라 접기　③ 풀로 붙이기　④ 말 완성

뚜루뚜루 팔 씌우는 방법

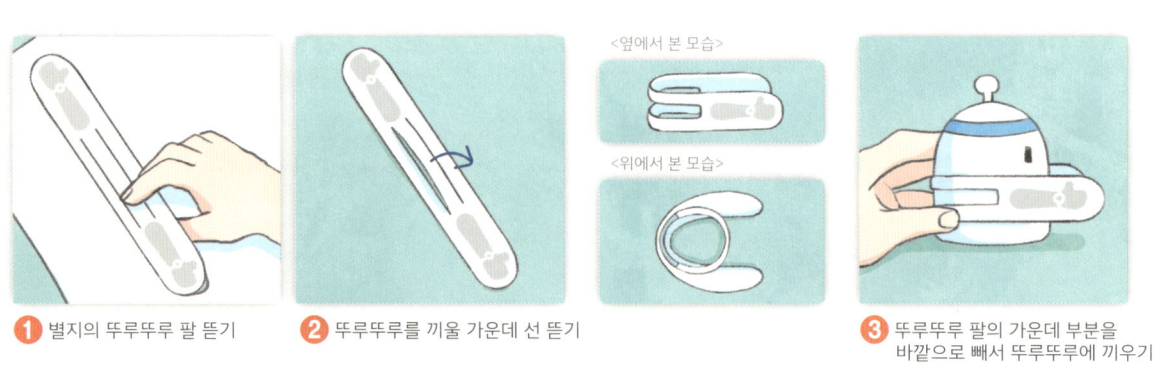

① 별지의 뚜루뚜루 팔 뜯기　② 뚜루뚜루를 끼울 가운데 선 뜯기　③ 뚜루뚜루 팔의 가운데 부분을 바깥으로 빼서 뚜루뚜루에 끼우기

<옆에서 본 모습>
<위에서 본 모습>

별지 1

p.8 - 가을 날씨 카드

p.8 - 가을 생활 카드

별지 ❷

p.12 - 도로시 말

p.12 - 숫자 주사위

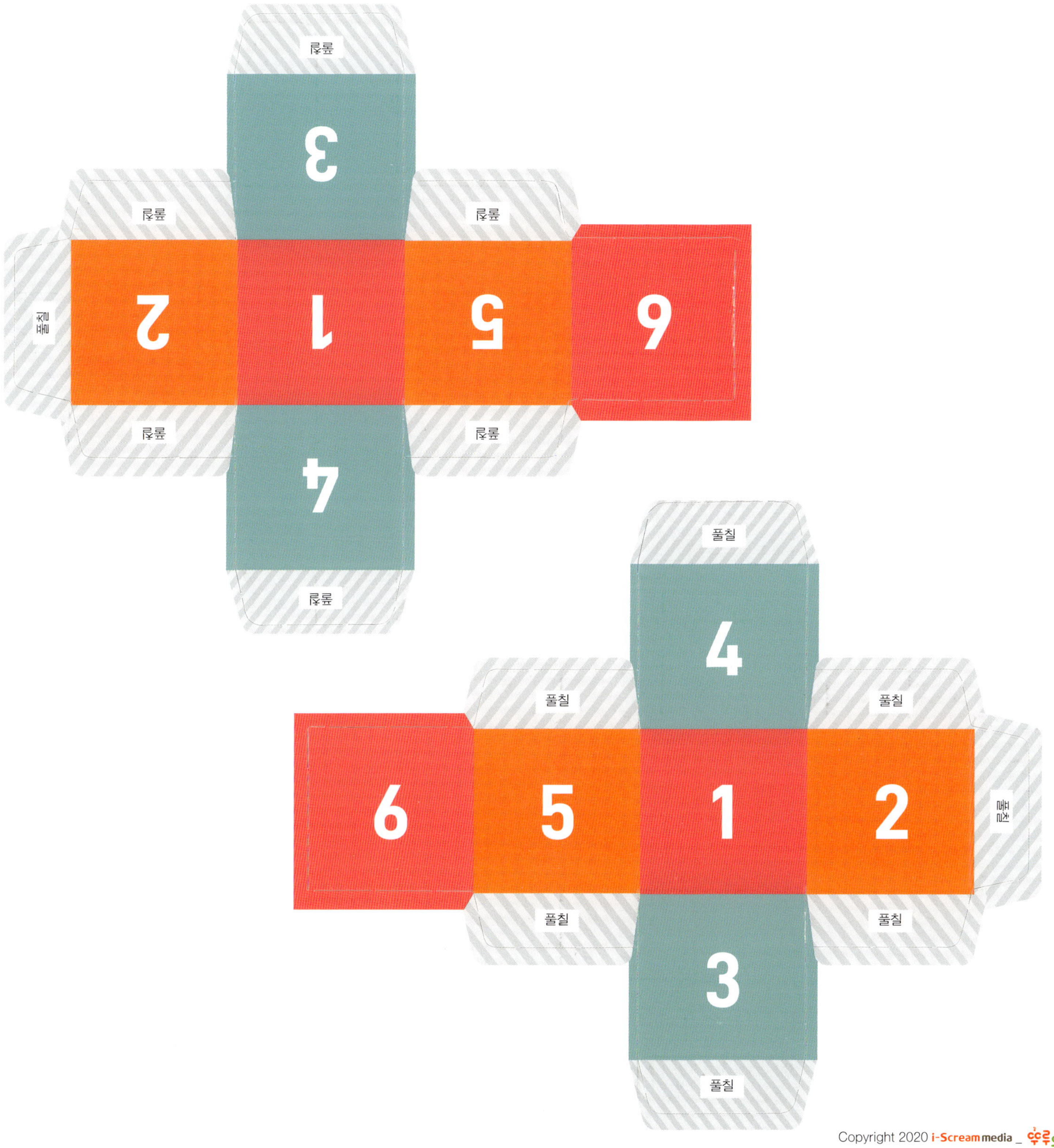

별지 ❸

p.15 - 직업 카드

p.15 - 하는 일 카드

p.16 - 직업 카드

p.16 - 하는 일 카드

<의사> 나는 병을 고치고 진단합니다.	<의사> 나는 병을 고치고 진단합니다.	<소방관> 나는 불을 끄거나 사람들을 구조해요.	<소방관> 나는 불을 끄거나 사람들을 구조해요.

<경찰관> 나는 우리 동네의 치안을 책임집니다.	<경찰관> 나는 우리 동네의 치안을 책임집니다.	<농부> 나는 논과 밭에서 싱싱한 농산물을 재배해요.	<농부> 나는 논과 밭에서 싱싱한 농산물을 재배해요.

<제빵사> 나는 맛있는 빵을 만들어요.	<제빵사> 나는 맛있는 빵을 만들어요.	<환경미화원> 나는 우리 동네 거리를 깨끗하게 만들어요.	<환경미화원> 나는 우리 동네 거리를 깨끗하게 만들어요.

<요리사> 나는 맛있는 음식을 만들어요.	<요리사> 나는 맛있는 음식을 만들어요.	<간호사> 나는 아픈 사람을 돌봅니다.	<간호사> 나는 아픈 사람을 돌봅니다.

별지 3

p.16 - 친구 소원 카드

p.16 - 이동 주사위

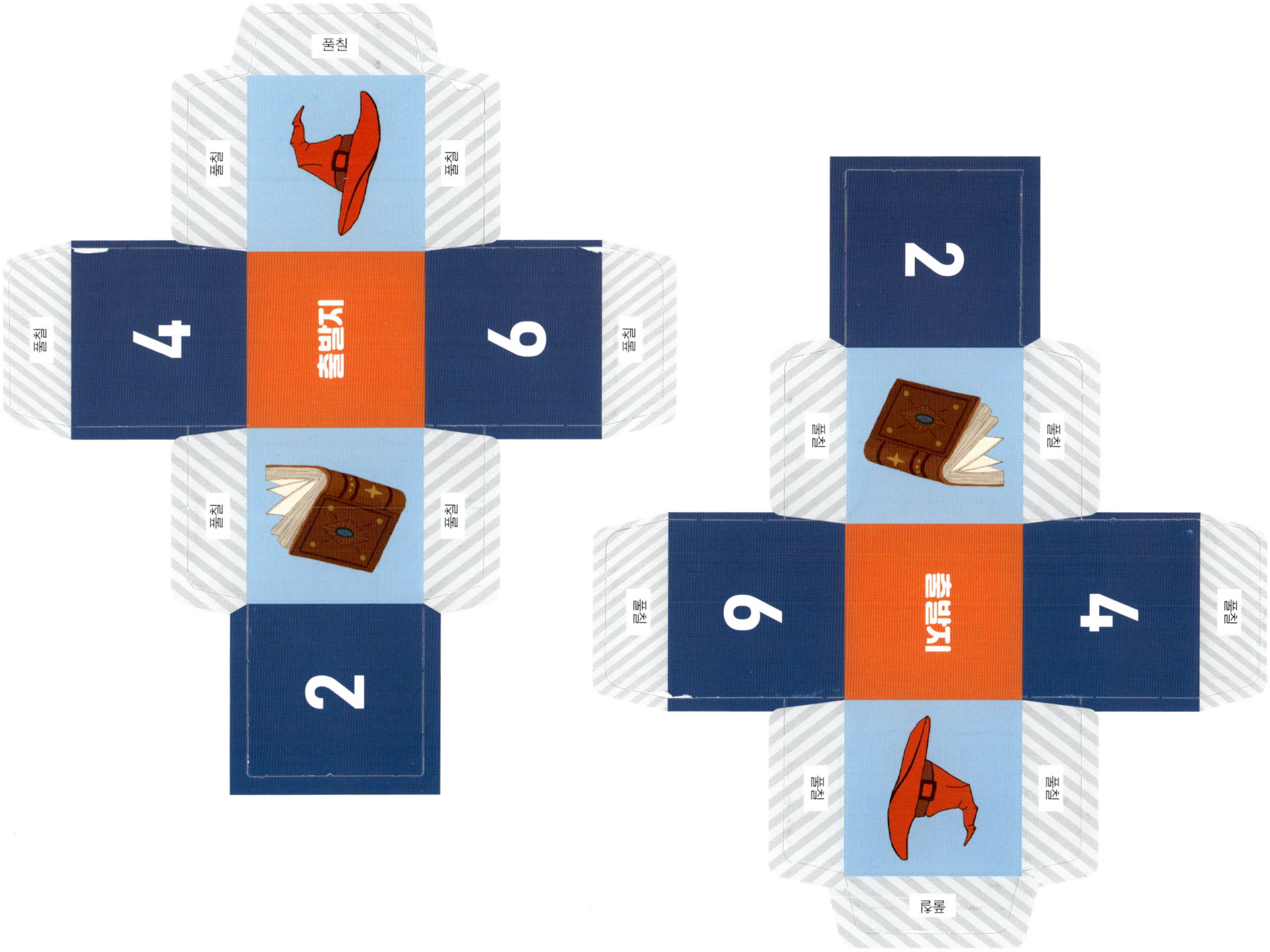

별지 ④

p.20 - 말(도로시, 허수아비, 양철 나무꾼, 사자)

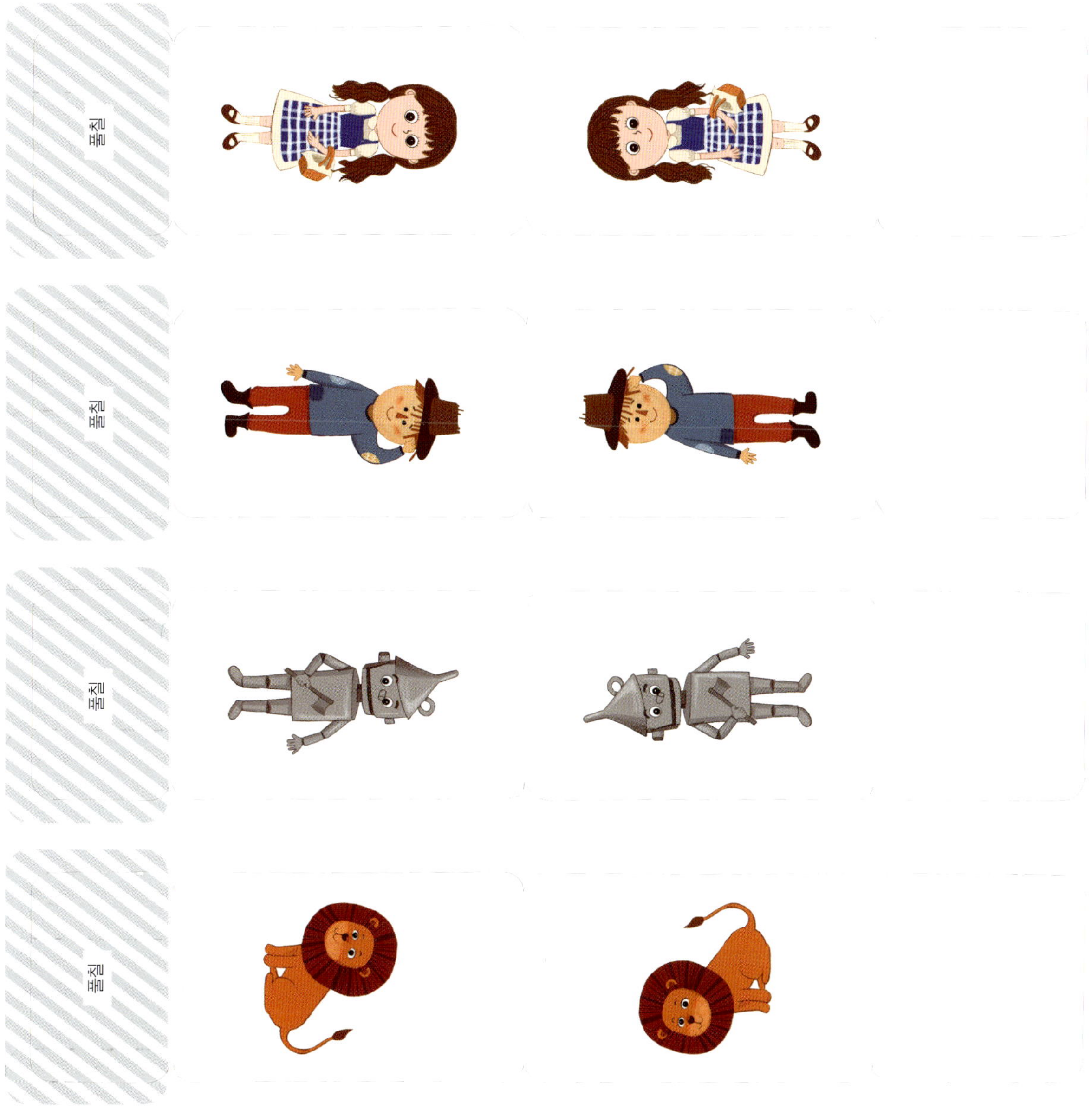

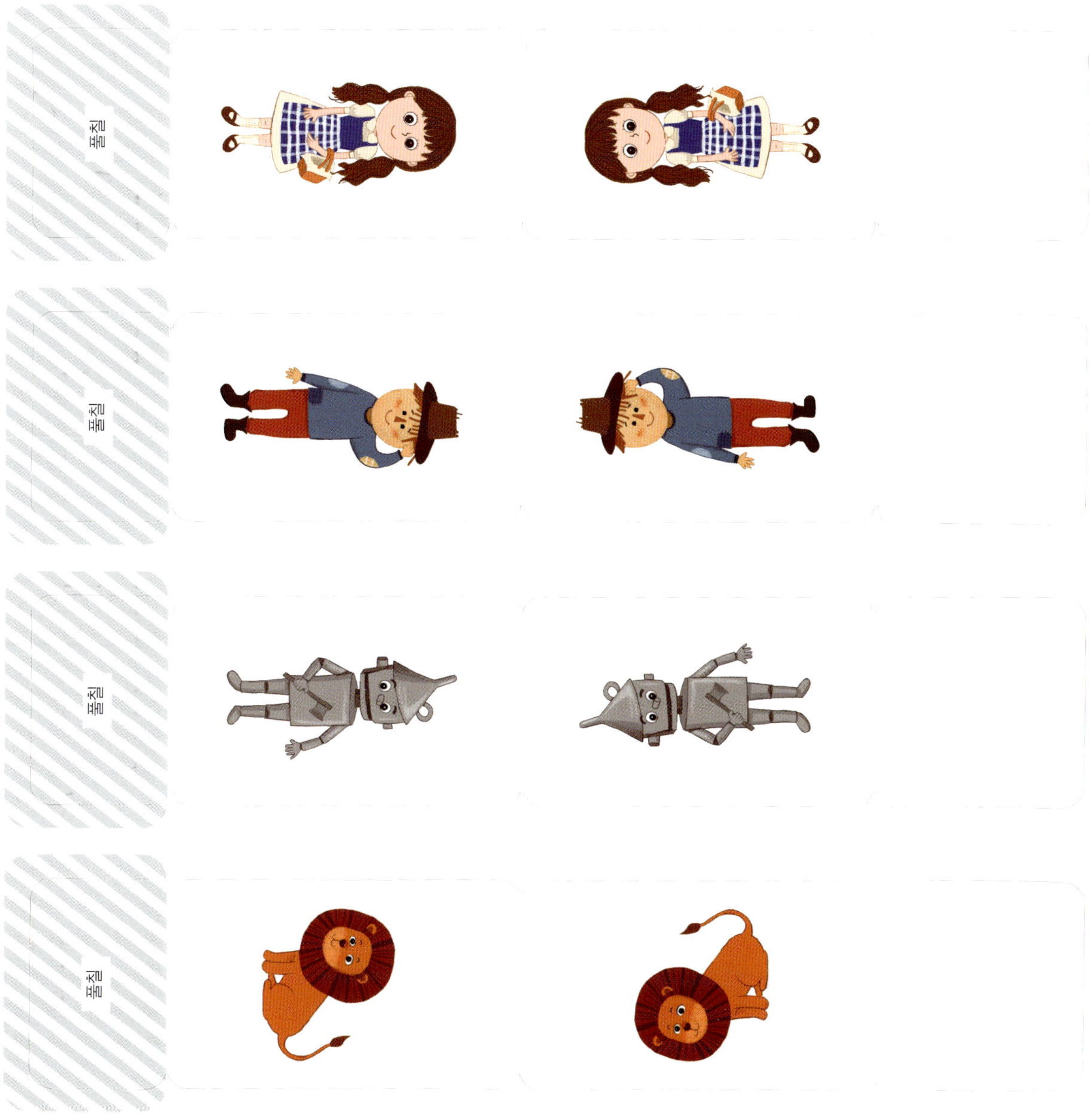

p.20 - 뚜루뚜루 팔

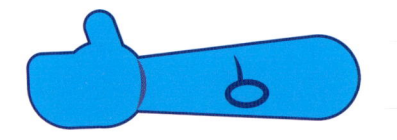 

별지 5

p.23 - 가을 열매 카드

p.23 - 오즈의 나라 열매 카드

p.24 - 숫자 주사위

p.24 - 가을 열매 카드

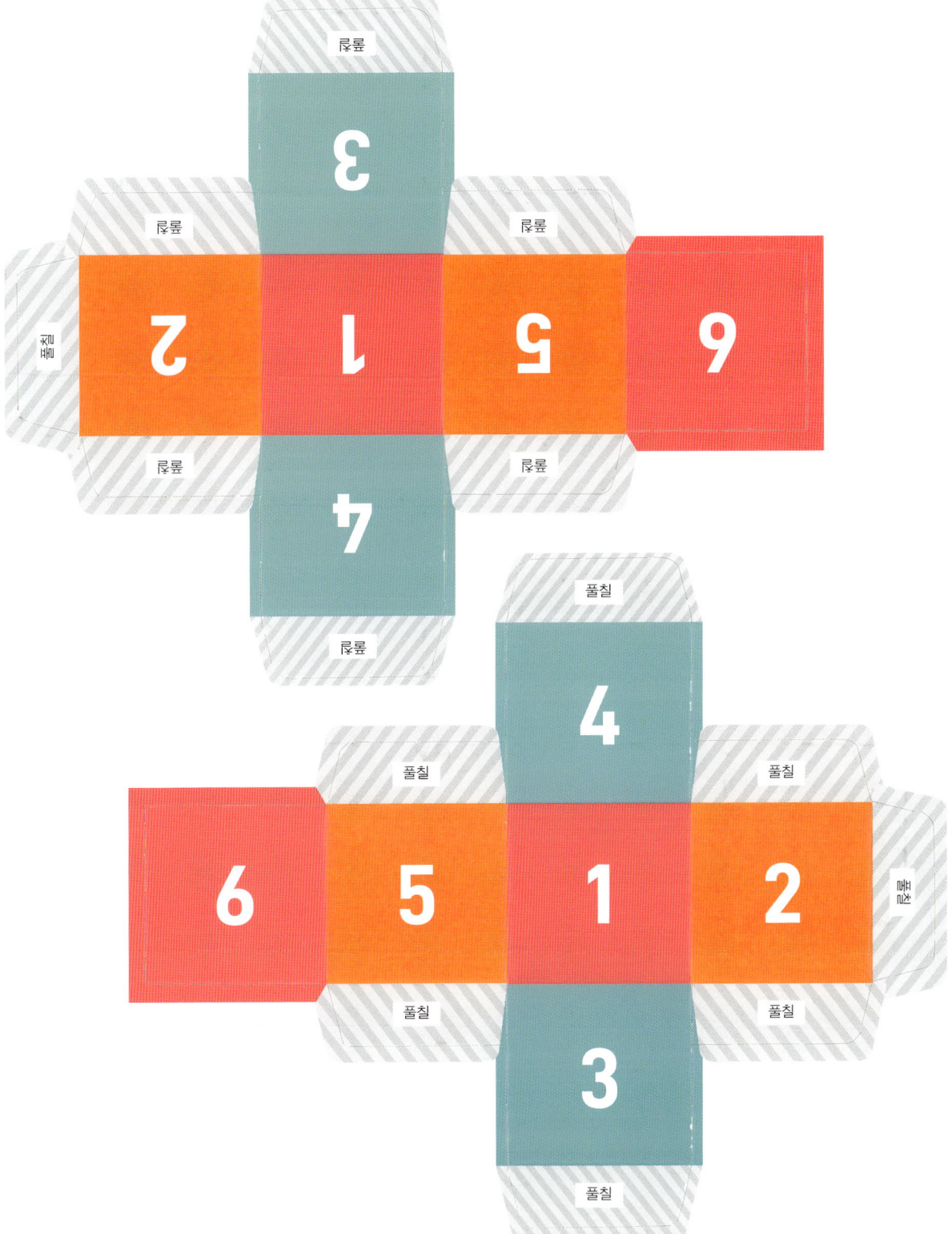

별지 ⑥

p.28 - 장소 카드

p.28 - 숫자 주사위

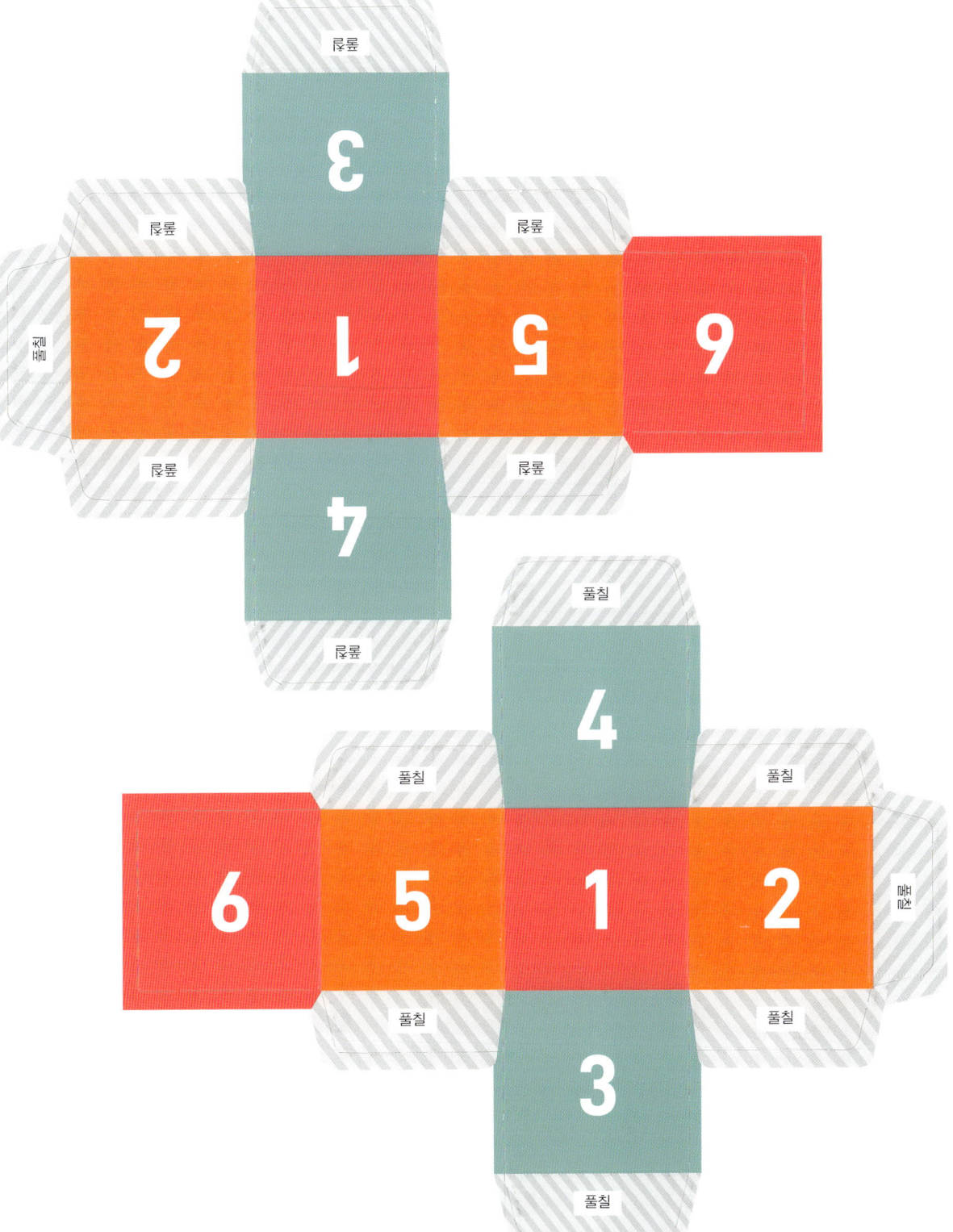

별지 6

p.28 - 인물 카드

p.28 - 도구 카드

별지 7

p.32 - 가을 소재 말(왕겨, 빨간 비단, 사과주스, 톱밥)

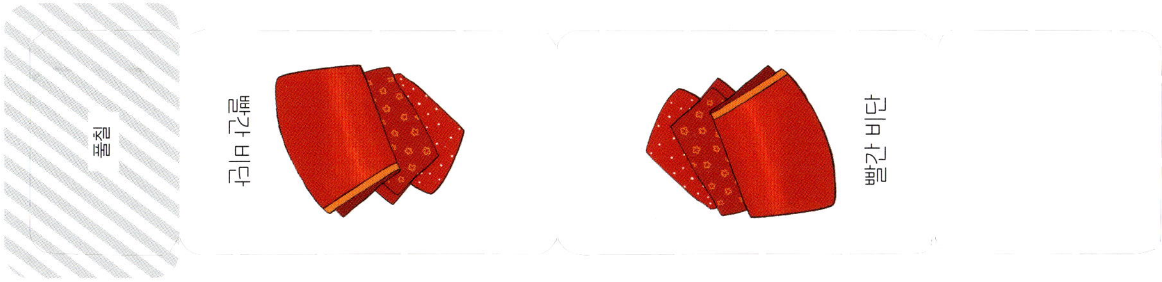

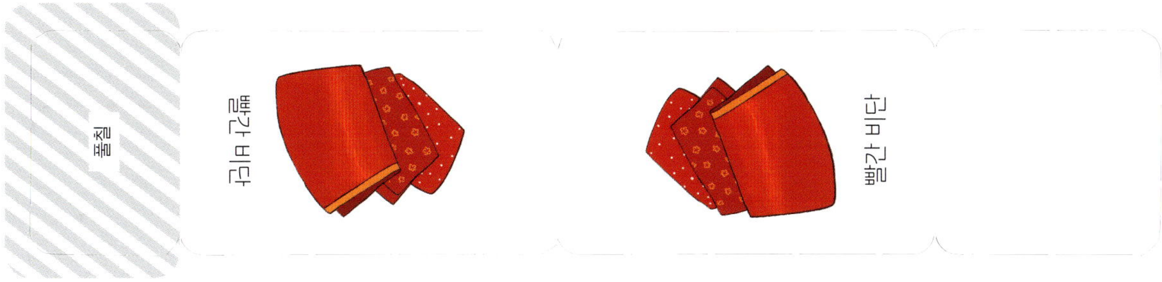

p.32 - 뚜루뚜루 팔

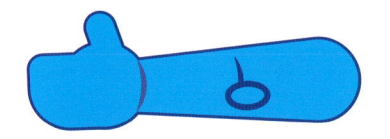 

별지 7

p.32 - 오즈의 카드

초록색 사과주스만 들고 사자에게 가세요.	초록색 사과주스만 들고 사자에게 가세요.	초록색 사과주스만 들고 사자에게 가세요.
빨간 비단과 톱밥을 들고 양철 나무꾼에게 가세요.	빨간 비단과 톱밥을 들고 양철 나무꾼에게 가세요.	빨간 비단과 톱밥을 들고 양철 나무꾼에게 가세요.
왕겨를 들고 허수아비에게 가세요.	왕겨를 들고 허수아비에게 가세요.	왕겨를 들고 허수아비에게 가세요.
왕겨와 사과주스를 들고, 사자와 허수아비에게 가세요.	왕겨와 사과주스를 들고, 사자와 허수아비에게 가세요.	왕겨와 사과주스를 들고, 사자와 허수아비에게 가세요.
왕겨와 빨간 비단, 톱밥을 들고 양철 나무꾼, 허수아비에게 가세요.	왕겨와 빨간 비단, 톱밥을 들고 양철 나무꾼, 허수아비에게 가세요.	왕겨와 빨간 비단, 톱밥을 들고 양철 나무꾼, 허수아비에게 가세요.
사과주스와 톱밥, 빨간 비단을 들고 사자와 양철 나무꾼에게 가세요.	사과주스와 톱밥, 빨간 비단을 들고 사자와 양철 나무꾼에게 가세요.	사과주스와 톱밥, 빨간 비단을 들고 사자와 양철 나무꾼에게 가세요.
사과주스와 톱밥, 빨간 비단, 왕겨를 들고 모두의 소원을 이뤄주세요.	사과주스와 톱밥, 빨간 비단, 왕겨를 들고 모두의 소원을 이뤄주세요.	사과주스와 톱밥, 빨간 비단, 왕겨를 들고 모두의 소원을 이뤄주세요.
양철 나무꾼에서 출발하여 빨간 비단, 톱밥을 찾아 돌아오세요.	양철 나무꾼에서 출발하여 빨간 비단, 톱밥을 찾아 돌아오세요.	양철 나무꾼에서 출발하여 빨간 비단, 톱밥을 찾아 돌아오세요.
허수아비에서 출발해서 왕겨를 찾아 돌아오세요.	허수아비에서 출발해서 왕겨를 찾아 돌아오세요.	허수아비에서 출발해서 왕겨를 찾아 돌아오세요.
사자에서 출발해서 사과주스를 찾아 돌아오세요.	사자에서 출발해서 사과주스를 찾아 돌아오세요.	사자에서 출발해서 사과주스를 찾아 돌아오세요.

별지 ⑧

p.36 - 도로시 말

p.36 - 뚜루뚜루 팔

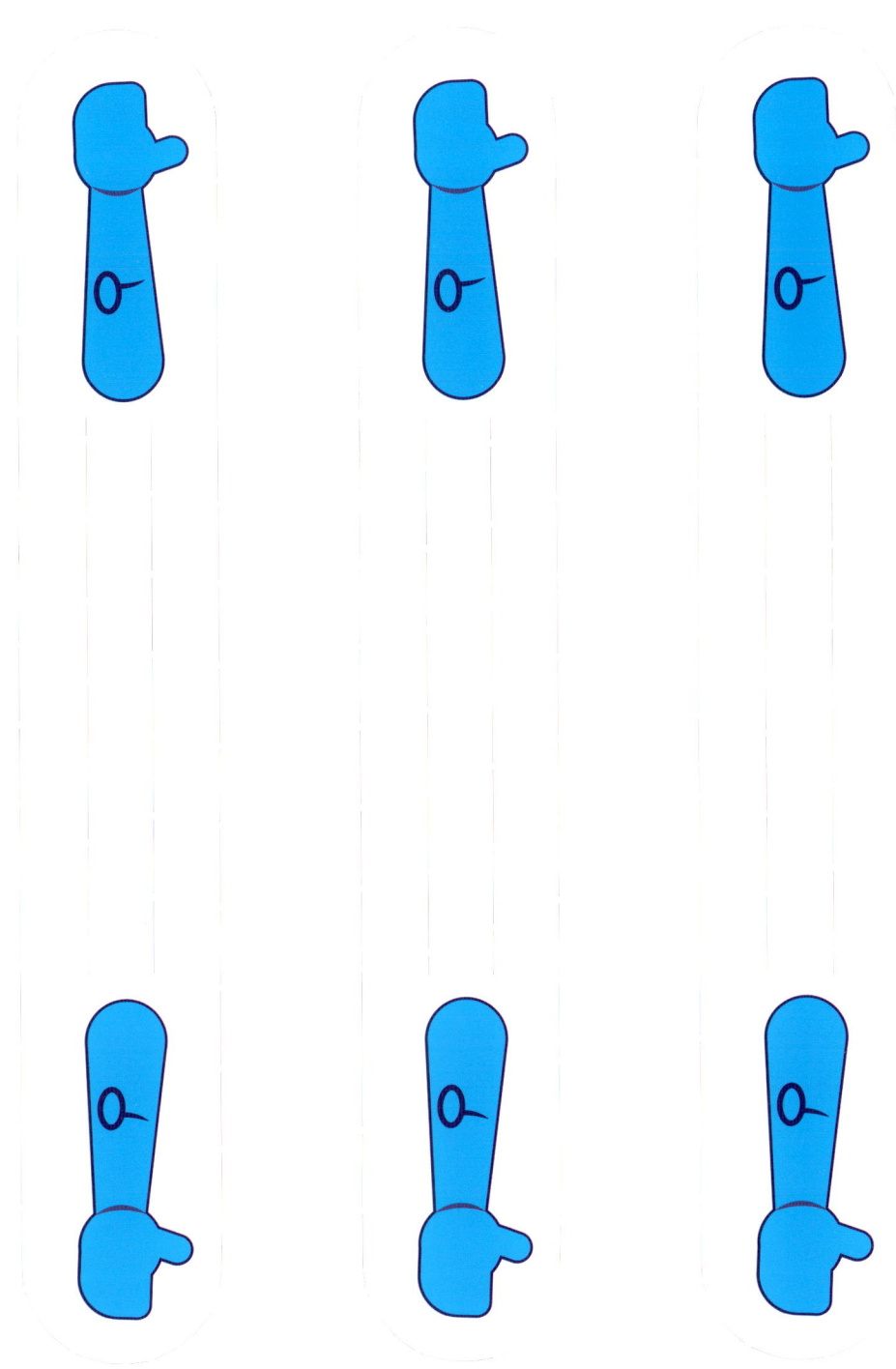

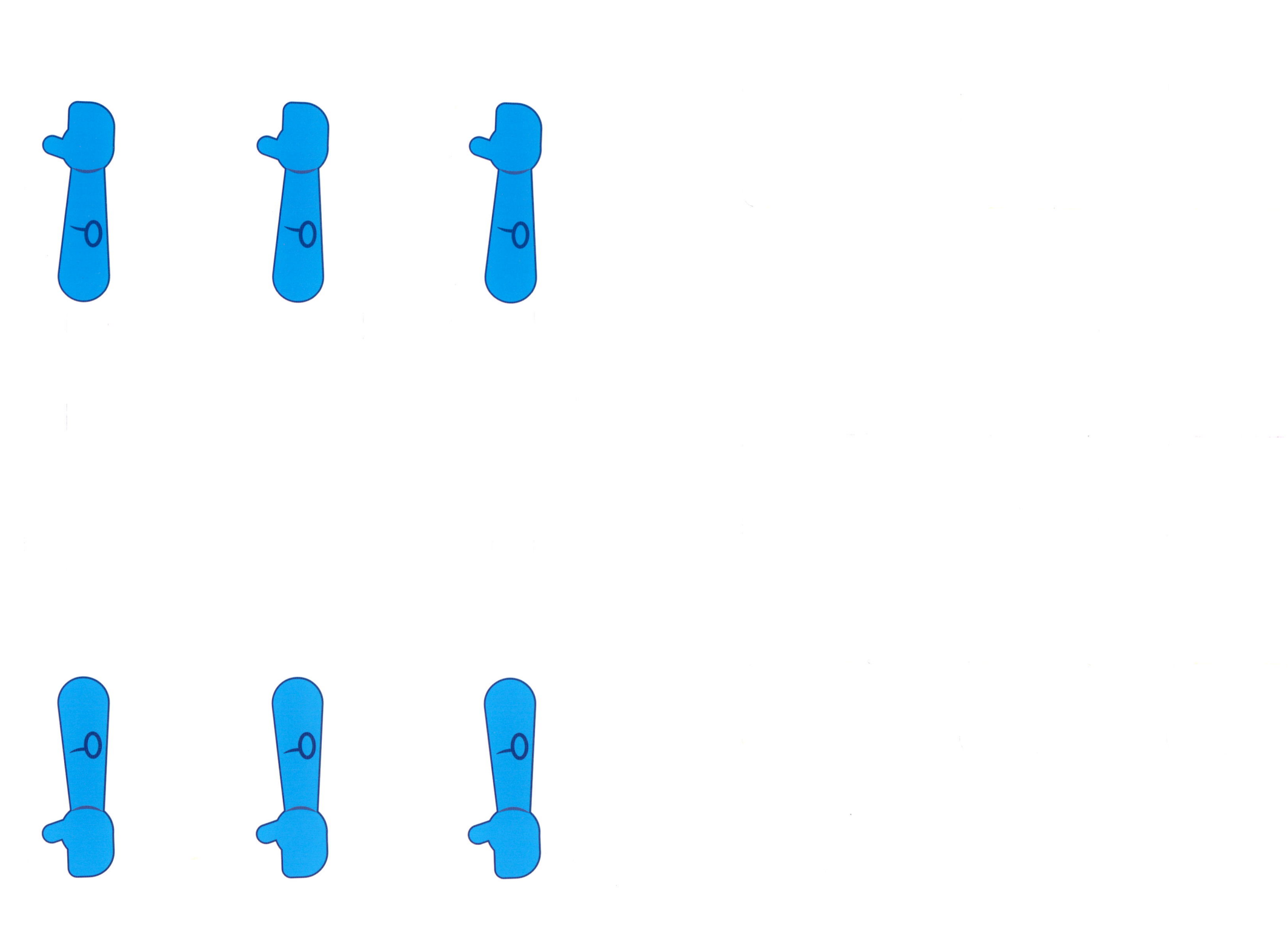

스티커

p.8&32 - 컬러 스티커

스티커

p.35 - 멜로디 카드 스티커